UNIVERSITÉ DE DIJON — FACULTÉ DE DROIT

DU

CASIER JUDICIAIRE

ET DE LA

LOI DU 5 AOUT 1899

THÈSE POUR LE DOCTORAT

(Sciences juridiques)

SOUTENUE DEVANT LA FACULTÉ DE DROIT DE L'UNIVERSITÉ DE DIJON

Le Jeudi 26 Juillet 1900, à deux heures

PAR

J. COLLARDOT

SOUS LA PRÉSIDENCE DE M. RENARDET, PROFESSEUR

SUFFRAGANTS { M. BONNEVILLE, PROFESSEUR
{ M. ROUX, AGRÉGÉ

DIJON

LIBRAIRIE L. VENOT

1, place d'Armes, 1

—

1900

DU

CASIER JUDICIAIRE

ET DE LA

LOI DU 5 AOUT 1899

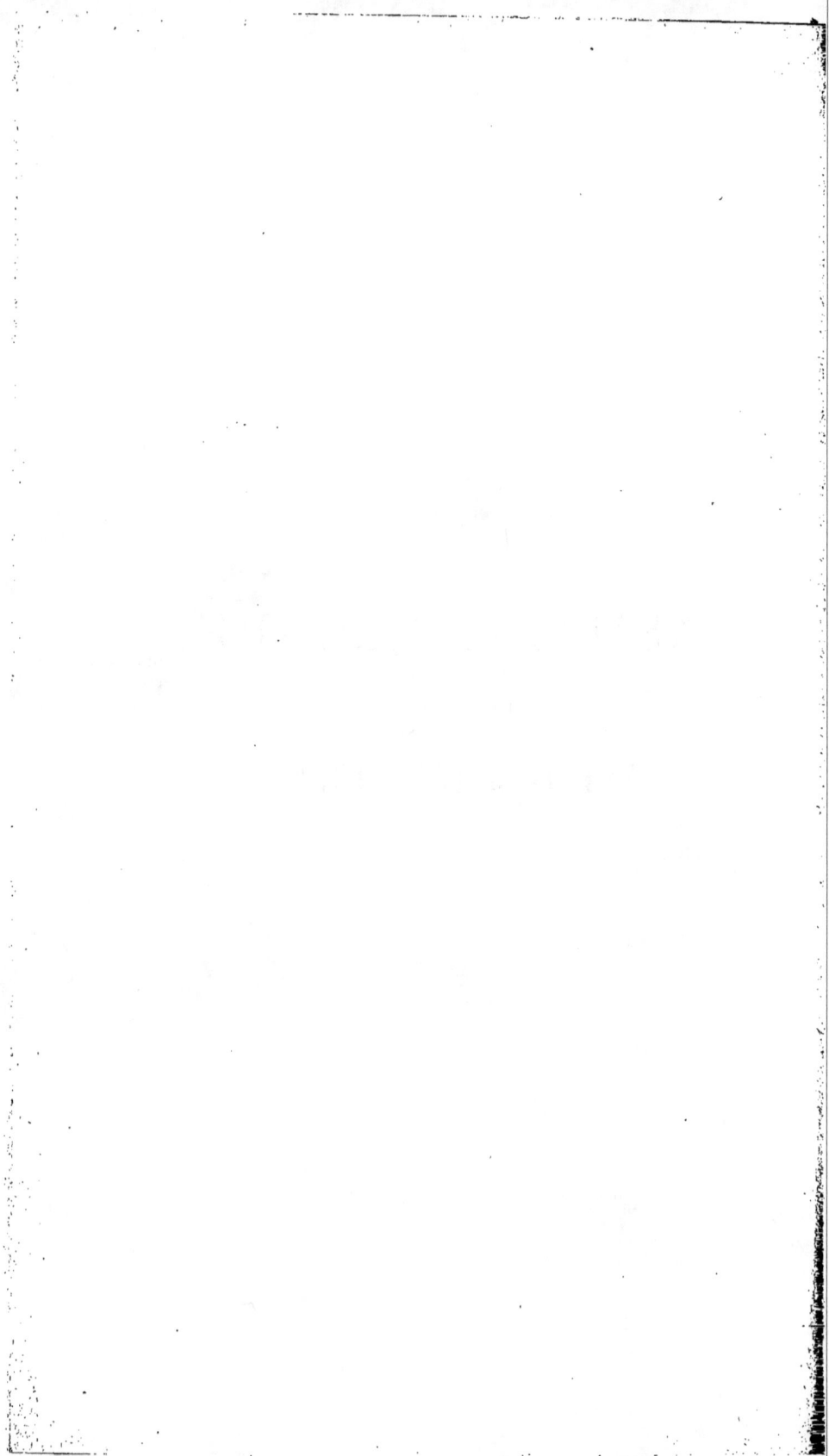

UNIVERSITÉ DE DIJON — FACULTÉ DE DROIT

DU
CASIER JUDICIAIRE

ET DE LA

LOI DU 5 AOUT 1899

THÈSE POUR LE DOCTORAT
(Sciences juridiques)

SOUTENUE DEVANT LA FACULTÉ DE DROIT DE L'UNIVERSITÉ DE DIJON

Le Jeudi 26 Juillet 1900, à deux heures

PAR

J. COLLARDOT

SOUS LA PRÉSIDENCE DE M. RENARDET, PROFESSEUR

SUFFRAGANTS { M. BONNEVILLE, PROFESSEUR
{ M. ROUX, AGRÉGÉ

DIJON
LIBRAIRIE L. VENOT
1, place d'Armes, 1
—
1900

AVANT-PROPOS

« L'un des premiers éléments d'une bonne administration de la Justice en matière criminelle, dit la
circulaire ministérielle du 6 novembre 1850 (1), se
rencontre dans la connaissance exacte que le juge
peut avoir de la conduite, des mœurs et des antécédents de l'homme qu'il doit juger. »

De tous temps cette nécessité a été comprise, et
tous les législateurs ont essayé de fournir à la justice les moyens de dresser, pour ainsi dire, la
biographie de ceux qui comparaissent devant elle.

Et, en effet, le rôle du juge criminel ne se borne
point à déclarer que tel acte soumis à son apprécia-
tion tombe sous l'application de la loi pénale, et à se
mouvoir arbitrairement dans les limites de la peine
édictée par nos Codes. Le juge doit proportionner la
répression, non seulement à la gravité des faits pris
en eux-mêmes, mais encore et surtout à « l'état
d'âme » du délinquant. Il est essentiel de ne pas dé-
courager ce dernier par une décision implacable, de

_____

(1) *Recueil officiel des Circ. du Min. de la Justice*, t. II, p. 146.

ne point éteindre en lui la lueur de sens moral qui peut y subsister et rallumer pour toujours ses bons sentiments. Mais, certes, il ne faut pas davantage, par une indulgence exagérée, le pousser si l'on peut dire à la récidive. Une condamnation trop légère glisserait sans produire le moindre effet. Il est donc très important de connaître le passé du justiciable et de le connaître rapidement, pour ne pas allonger inutilement la détention préventive.

D'autre part, il est nécessaire que la justice ait un moyen de contrôler facilement « les états de services », si l'on peut employer cette expression, des récidivistes. « C'est la récidive qu'il faut atteindre, disait M. Bérenger, au cours de la discussion de la loi de 1885. Prenons-la à son début, frappons-la au fur et à mesure qu'elle se produit, intimidons-la par des peines logiquement graduées à mesure qu'elle se développe ; frappons énergiquement, de façon à ce que la répression infligée à ceux qui succombent, soit une intimidation pour les autres, et nous ferons une œuvre utile dont les effets presque immédiats s'obtiendront sans tâtonnements, sans ajournement et sans dépense (1). »

Le casier judiciaire complète régulièrement cette loi, car, sans lui, il serait souvent difficile de reconnaître un récidiviste. Il est aussi d'une grande utilité pour l'application de la loi de sursis. Le Parlement a donc fait œuvre utile en lui donnant une sanction

---

(1) *Rev. de la Soc. génér. des prisons*, an. 1885, p. 683.

légale. C'est cette loi du 5 août 1899, que nous voulons étudier.

Dans une première partie, nous verrons le casier naître et se développer, par la seule autorité des circulaires ministérielles. Nous verrons les services qu'il a rendus, mais aussi les critiques qu'il a soulevées. Enfin, dans une seconde partie, nous examinerons la loi proprement dite, les remèdes qu'elle a apportés aux inconvénients de ce mode d'informations. Nous verrons également si elle a répondu à son but.

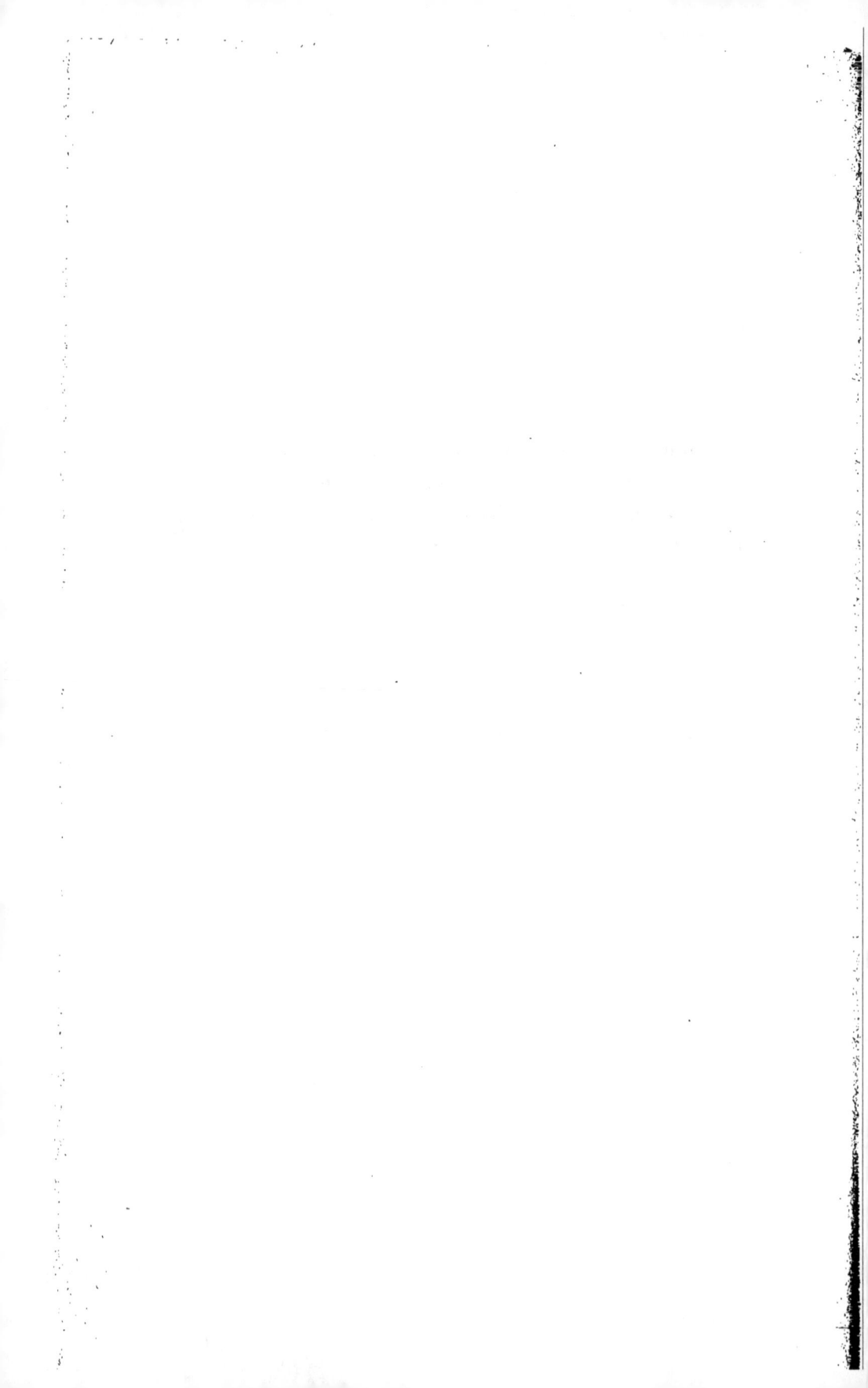

DU CASIER JUDICIAIRE

ET

DE LA LOI DU 5 AOUT 1899

PREMIÈRE PARTIE

TITRE PREMIER

HISTORIQUE

CHAPITRE PREMIER

Des anciens moyens de reconnaissance des délinquants.

La tendance actuelle des criminalistes est de corriger le coupable en l'amendant.

Cette tendance a pour corollaire naturel la recherche des moyens les plus propres à prévenir la récidive. Et pourtant, quoique la nécessité de mesures préventives fût comprise, de longs siècles se sont écoulés avant que nous ayons des moyens pratiques permettant de reconnaître les récidivistes d'une manière sûre et rapide, en quelque sorte scientifique.

C'est à M. Bonneville de Marsangy, créateur du casier judiciaire, et à M. Bertillon, inventeur du signalement anthropométrique, que, nous devons les méthodes modernes d'investigations sur le passé des individus.

Autrefois il n'en était pas ainsi. D'abord les mœurs rudes des peuples avaient adopté les peines publiques saisissantes pour les yeux. Ces peines qui impressionnaient profondément l'esprit des populations laissaient aussi des traces terribles sur le corps des condamnés et les faisaient facilement reconnaître par la suite. Les vols, bien qu'entraînant ordinairement la mort ou la mise hors la loi, étaient quelquefois punis de la mutilation. Pour la première récidive, la peine était l'abscission d'un pied ou d'une main, ou de toutes les deux ; pour la seconde, c'était la privation de la vue, ou l'amputation du nez et de la lèvre supérieure.

« Que personne, ordonna Guillaume-le-Conqué-
« rant, ne soit ni mis à mort ni pendu, pour quelque
« faute que ce soit, mais que l'on arrache les yeux et
« qu'on coupe les pieds, les mains et les testicules,
« de manière qu'il ne reste plus au criminel que le
« tronc vivant en signe de sa trahison et de sa per-
« versité (1). »

_____

(1) Conciani, p. 349 et l. LXVII, *De modo suppliciorum*, p. 361.

Ces moyens étaient radicaux, et si nous examinons notre ancien droit criminel, les moyens d'informations employés sont tout aussi cruels. Tout jugement se terminait par cette menaçante formule :

« Lui faisons défense de récidiver sous plus griève peine ». Cette menace ne restait pas sans effet. L'abscission des lèvres, l'essorillement (1), l'amputation ou le brûlement de la main permettaient facilement de reconnaître plus tard l'ancien condamné.

D'autre part, la marque au fer chaud était un moyen sûr mais cruel de distinguer les anciens condamnés. C'est ainsi que la marque s'imprimait sur les épaules sous la forme des lettres G. A. L., pour les condamnés aux galères, sous celle d'un V., pour la condamnation d'une femme pour vol, sous celle d'une fleur de lys, quand cette peine corporelle était jointe à celle du fouet ou du carcan. Grâce à ce supplice de la marque, la police et la justice reconnaissaient facilement un criminel en état de récidive.

Mais ces procédés étaient cruels pour ne pas dire barbares. Avec le temps, à mesure que la civilisation s'est répandue partout, nos mœurs se sont adoucies et les criminalistes ont cherché d'autres méthodes de renseignements.

Les anciennes marques corporelles (2) ont d'abord

---

(1) L'essorillement ou arrachement des oreilles existait en Angleterre au siècle dernier.

(2) Cependant la marque au fer rouge a continué d'être pratiquée pour les forçats jusqu'en 1832.

été remplacées par des états où étaient consignés les noms des condamnés. C'est ainsi que le Code de 1808 avait prescrit (art. 600-601, Code Ins. Cr.) aux greffiers la tenue d'un registre spécial, où sont consignés, par ordre alphabétique, les noms de tous les condamnés à une peine corporelle, ainsi que l'envoi trimestriel de copies intégrales de ce relevé aux Ministères de la justice et de l'intérieur, où elles sont réunies en volumes. Mais à mesure que ces documents s'accumulaient dans les archives, ils perdaient de leur utilité pratique. A cause de leur nombre même, les recherches y devenaient de plus en plus difficiles, pour ne pas dire impossibles.

Ce système de renseignements était donc très imparfait, et on ne tarda pas à s'en apercevoir. A la Préfecture de police, on n'était pas resté inactif, on avait cherché à corriger le système du Code, et on avait trouvé, ce qu'on appelle encore aujourd'hui « les sommiers judiciaires ». C'est à Henri Gisquet, préfet de police sous le gouvernement de Louis-Philippe, de l'année 1831, époque du ministère Casimir Périer, au 6 septembre 1836, qu'est due la réforme de cette utile institution.

Voici ce qu'il en dit dans ses mémoires : « Il existe à la préfecture de police un bureau où l'on compose une collection de renseignements qui remonte à plus de cent vingt ans. Cette collection constitue ce qu'on appelle les « sommiers judiciaires ». Elle contient déjà plus de cinq cent mille noms. L'utilité de ce travail se démontre tous les jours. Disons seulement que tous les individus, mis à la disposition du procureur du roi, sont à l'instant même l'objet de recherches dans les sommiers judiciaires, et qu'ainsi l'on ajoute une note explicative et confidentielle aux dossiers de ceux qui ont de fâcheux antécédents.

« Jusqu'en 1833, quatorze employés chargés de ce travail avaient peine à s'en acquitter. La besogne, en effet, était excessivement difficile : quatre cents gros registres successivement remplis de toutes les notes parvenues au bureau et inscrites à la suite les unes des autres, sans qu'on s'assujettît à une autre méthode pour le classement des matières, formaient cette grande collection.

« Comment retrouver dans quatre cents registres les détails relatifs à tel ou tel individu? C'était à peu près impossible. On avait donc établi un répertoire où étaient inscrits, par ordre alphabétique, les cinq cent mille noms des gens sur lesquels on avait recueilli des renseignements, et des numéros de renvoi indiquaient les registres et les pages où se trouvaient les notes relatives à chacun d'eux. Mais ce répertoire était devenu lui-même une chose embarrassante et difficile à consulter; il se composait de feuilles volantes, précautions indispensables pour permettre d'en intercaler de nouvelles, lesquelles remplissaient quatre caisses en bois.

« Bref, les quatorze employés avaient peine à remplir leur tâche et il va sans dire que plus on marchait dans cette voie, plus les difficultés augmentaient.

puisque le nombre des matériaux augmentait annuel-
lement. J'ai modifié ce travail de telle sorte que
maintenant deux hommes peuvent le faire. Tous les
registres et le répertoire sont remplacés par de petites
feuilles de carton léger qui, sous le titre de bulletins,
contiennent chacun tout ce qui concerne un même
individu. On a fait le dépouillement des anciens registres et transcrit sur les nouveaux bulletins tout ce
qui pouvait être bon à conserver. Il a suffi après cela
de placer ces bulletins dans des rayons par ordre
alphabétique, pour rendre les recherches excessivement faciles et promptes. Effectivement, veut-on savoir ce qu'a fait le nommé Pierre-François Lebrun?
On extrait du rayon le bulletin qui le concerne et on
n'a plus qu'à le copier pour en transmettre le contenu
à la justice. La besogne est devenue aussi simple
qu'elle était compliquée. Quatre années de travail
ont été nécessaires pour opérer cette amélioration et
cependant elle n'a motivé qu'une dépense de quinze
mille francs une fois faite. »

Telle était l'organisation des « sommiers judiciaires » exposée par celui-là même à qui elle était
due. Mais bientôt les documents s'accumulant et
malgré l'extrême simplicité du système, les recherches devinrent de plus en plus difficiles. Toutefois cette organisation était suffisante pour le service
judiciaire de la Seine, elle y fut conservée. Elle était
complètement impuissante à pourvoir aux exigences
journalières des Cours et Tribunaux des départements.
Aussi, vers le milieu du siècle, les magistrats éprou-

vaient une extrême difficulté à obtenir des renseignements exacts et précis sur les inculpés traduits devant
eux. Les officiers de police judiciaire étaient obligés
de se livrer à des enquêtes minutieuses et compliquées,
qui n'aboutissaient à aucun résultat utile chaque fois
qu'il s'agissait de personnes ayant fréquemment
changé de résidence. La Préfecture de police de Paris
était seule en mesure de les documenter d'une manière plus ou moins complète ; mais les demandes,
affluant de tous les points du territoire créaient à
cette administration un travail auquel elle ne pouvait
suffire.

Pour remédier à cet inconvénient, il fallait, selon
une heureuse expression de M. Rouher : « multi-
plier les centres de renseignements judiciaires, de
façon à les mettre plus facilement et plus prompte-
ment à la portée de tous. » Cette solution si simple
(mais ce sont souvent les idées les plus simples qui
ont le plus de peine à se faire place dans nos lois)
avait été mise en lumière et préconisée en 1848 par
un magistrat expérimenté, M. Bonneville de Marsangy, alors procureur de la République à Versailles.

M. Bonneville de Marsangy, dans un discours prononcé à l'audience solennelle de rentrée du Tribunal
civil de Versailles, établit les données du problème :
« En dehors, dit-il, des grands principes constituants
dont se préoccupe en ce moment l'opinion publique,
il est un certain nombre d'idées secondaires qui, pour
être moins propres à passionner les intelligences,

n'en sont pas moins utiles, moins fécondes, moins indispensables au succès de nos nouvelles institutions.

« Parmi celles de ces idées que leur opportunité semble signaler davantage à l'attention des esprits sérieux, j'en choisis une qui, par sa nature, rentre plus particulièrement dans le cercle des méditations journalières du ministère public ; je veux parler de *la nécessité de localiser désormais au greffe de l'arrondissement natal tous les renseignements judiciaires concernant chaque condamné.* »

C'était là une idée excellente car : « Quelque parfaite qu'on puisse rendre à l'avenir (nous citons toujours M. Bonneville) l'organisation du dépôt général des notices établi à Paris, il est évident que le travail de recherche et d'envoi des renseignements demandés sera toujours moins facile et moins rapide. concentré en un seul point, que si l'on parvenait à le diviser en organisant, en même temps, autant de dépôts partiels que nous avons d'arrondissements administratifs et judiciaires. »

Cette solution si simple ne devait pourtant être mise en pratique que deux ans plus tard. C'est à M. Rouher, alors Garde des Sceaux, que nous devons l'institution en France de ce qu'on a appelé le casier judiciaire. Par sa circulaire du 6 novembre 1850, M. Rouher ordonnait « d'établir au greffe de chaque Tribunal civil un casier destiné aux renseignements judiciaires. » Ce casier devait être divisé en compartiments suivant l'ordre alphabétique. C'est de ce meuble qui devait contenir les renseignements que l'institution a pris son nom.

Le principe posé, il ne s'agissait plus que d'en tirer les conséquences les plus pratiques et les plus utiles pour le bon fonctionnement et la bonne administration de la justice.

CHAPITRE II

Organisation du Casier judiciaire.

C'est en 1850, avons-nous dit, que par sa circulaire du 6 novembre, le ministre de la justice rendait obligatoire pour toute la France l'institution du casier judiciaire. Depuis, des circulaires multiples émanant soit du ministère de la justice, soit de celui de l'intérieur, soit même du ministère de la guerre, sont venues modifier ou compléter l'institution primitive. Finalement, la loi du 5 août 1899 a fixé définitivement le système de Bonneville de Marsangy. Et tout d'abord nous ferons remarquer que cette loi n'a fait, sauf quelques innovations, que consacrer l'ancienne pratique. Voyons donc le casier judiciaire tel qu'il a fonctionné pendant près d'un demi-siècle.

Juridiquement, le casier judiciaire est une institution de droit pénal destinée à faire connaître, d'une manière sûre et rapide, les antécédents judiciaires de chaque citoyen.

Voici en quoi consiste ce système de renseignements, car le casier n'est pas autre chose. Au greffe de chaque Tribunal civil est établi un meuble en bois divisé en compartiments suivant l'ordre alphabétique.

Ce meuble est placé dans un lieu non accessible au public, et autant que possible dans celui où sont conservés les actes de l'état civil.

Il est destiné à recevoir et à classer par ordre alphabétique des bulletins constatant, à l'égard de tout individu né dans l'arrondissement, et après vérification de son identité aux registres de l'état civil :

1° Tout jugement ou arrêt devenu définitif, rendu contre lui en matière correctionnelle ;

2° Tout arrêt criminel rendu contre lui par la Cour d'assises ou par les Tribunaux militaires;

3° Toute mesure disciplinaire dont il aurait pu être l'objet ;

4° Tout jugement déclarant sa faillite s'il est négociant ;

5° Toute réhabilitation qu'il aurait obtenue, soit comme condamné, soit comme failli (1).

Pour arriver à ce résultat, aussitôt qu'un arrêt ou jugement de condamnation est devenu définitif, le greffier de la juridiction d'où émane cette décision, envoie au greffe du lieu de naissance du condamné un extrait de cette condamnation. Cet extrait porte le nom de bulletin n° 1.

Afin de faciliter les recherches, les bulletins sont rédigés d'une manière uniforme d'après un modèle uniforme, sur du papier épais et fort de la dimension d'une feuille timbrée de soixante centimes. Ils portent

---

(1) Circ. min. 6 nov. 1850. — Nous étudierons en détail cette question avec la loi du 5 août 1899.

en tête, en gros caractère, le nom de famille du condamné, ses prénoms, ceux de ses père et mère, ainsi
que les énonciations qui permettent de le mieux in-
dividualiser.

Puis viennent les différentes mentions concernant
les antécédents judiciaires de l'individu dont le nom
est porté en tête du bulletin. Enfin, on a ajouté en
marge son signalement.

A l'expiration de chaque quinzaine, le ministère
public, après s'être assuré que toutes ces fiches ont
été rédigées avec soin et exactitude, les transmet
au parquet de la Cour d'appel. Disons en passant
que cet envoi a remplacé les extraits qui devaient
être adressés chaque quinzaine aux Procureurs géné-
raux, en vertu de l'article 198 du Code d'instruction
criminelle (1).

Le Procureur général examine à nouveau ces bulletins, les vise, puis les transmet aux divers casiers
où ils doivent être classés.

C'est au greffe de l'arrondissement du lieu de naissance que le Procureur général, après avoir apposé
son visa, envoie les bulletins que lui ont fait parvenir
les procureurs de la République des tribunaux dont
émanent les décisions.

Primitivement, au moment où le principe de la
multiplicité des centres de renseignements fut posé,
il restait à déterminer les endroits où l'on pourrait
les établir.

---

(1) Circ. 6 nov. et 30 déc. 1850, 23 mai 1853.

Devait-on choisir le lieu du domicile, celui de la résidence habituelle, ou bien le lieu de naissance?

La première solution se présentait tout d'abord à l'esprit. C'est là, en effet, que, même à notre époque où les déplacements sont si fréquents, toute personne peut être actionnée judiciairement ; c'est là que tout citoyen jouit de ses droits civils et politiques, qu'il vote, qu'il peut être appelé à faire partie du jury. C'est là enfin qu'on a le plus d'intérêt à connaître sa conduite, ses mœurs, ses antécédents. Mais de graves objections s'élevaient contre cette solution. La résidence, même habituelle, est essentiellement variable et souvent difficile à déterminer. Il en est de même du domicile qui résulte d'ailleurs, d'après notre législation, d'éléments assez peu précis. De plus, à tout changement de domicile, le dossier aurait été obligé de suivre chaque individu à sa nouvelle résidence, ce qui aurait occasionné certainement des pertes et des erreurs multiples.

Ce fut la seconde solution qui l'emporta. Et, en effet, le lieu de naissance est absolument invariable. Il n'est pas comme la résidence, il n'offre rien de vague, rien d'incertain. C'est dans le pays où il est né que généralement tout citoyen a sa famille, ses intérêts. C'est là qu'il devra réclamer son extrait de naissance s'il veut se marier, s'engager comme soldat ou faire tout acte où cette pièce est nécessaire. Il peut ne pas avoir de domicile, il peut être sans aucune résidence fixe, il est nécessairement né quelque part.

On ne pouvait cependant songer à laisser ces dossiers dans la commune natale. Des erreurs sans nombre auraient pu résulter du dépôt du casier dans les communes où les secrétariats des mairies sont, — et surtout à cette époque où la loi sur l'instruction obligatoire n'avait pas encore été votée, — souvent très mal tenus. De plus, en multipliant ainsi à l'infini les centres de renseignements, on enlevait toute force et toute utilité à l'institution.

Les greffiers des tribunaux d'arrondissement étaient, au contraire, tout indiqués. C'est dans les greffes d'arrondissement, en effet, que se trouvent déjà les archives des actes de l'état civil. Le service est fait d'une manière plus régulière par un greffier, qui souvent n'est pas dépourvu de connaissances juridiques, et qui, en cas de besoin ou en face d'une difficulté, peut s'adresser directement au Procureur de la République. Du reste, ce dernier exerce une surveillance immédiate sur le greffier.

Enfin, au point de vue de la célérité et de la rapidité pour la transmission des bulletins demandés ou reçus, le chef-lieu d'arrondissement, plus que toute autre ville, était indiqué.

Une difficulté restait pourtant à résoudre. Que faire des bulletins des individus nés à l'étranger établis en France ? Par suite, pour les individus naturalisés, il semble que leur domicile pouvait être choisi comme lieu de centralisation du bulletin les concernant. Comment procéder pour ceux dont le lieu de naissance n'était pas connu ?

Voici la solution primitive. La circulaire de 1850 prescrivait, lorsque la commune d'origine d'un condamné n'était pas connue, de classer ses bulletins au greffe du Tribunal de son domicile. De même, si le domicile était incertain, la même circulaire ordonnait de conserver la fiche, portant indication de la condamnation, au greffe du Tribunal qui l'avait prononcée. Ces bulletins devaient être placés dans une case spéciale intitulée : « Bulletins concernant les individus condamnés dans l'arrondissement et dont on n'a pu constater ni le lieu de naissance, ni le domicile en France. »

Quant aux étrangers se trouvant accidentellement en France et qui étaient condamnés pour un délit, le même système était appliqué s'ils étaient naturalisés. la circulaire précitée prescrivait de classer leurs bulletins au greffe du Tribunal de leur domicile.

Mais ces mesures furent inefficaces. Elles compliquaient sans profit le fonctionnement du casier judiciaire, et étaient, du reste, en contradiction absolue avec l'idée première de cette institution. Celle-ci repose, en effet, sur ce principe que les renseignements. concernant un même individu, devront être concentrés en un point unique, fixe, invariable. Aussi la recherche des antécédents d'individus d'origine étrangère ou inconnue. avec le système imposé par la circulaire de 1850. était-elle délicate, toujours longue, souvent même impossible.

La circulaire du 23 mai 1853 signalait déjà la nécessité de fixer un point unique où seraient classés les bulletins qui, jusqu'alors, n'étaient pas réunis au lieu de naissance. Cette réforme nécessaire fut faite deux ans après par une nouvelle circulaire, celle du 30 août 1855, qui organisait à la Chancellerie même, dans le bureau des statistiques judiciaires, un casier central. Dans ce casier central, sont réunis les bulletins d'origine étrangère ou inconnue.

C'est dans ces casiers (casiers du lieu de naissance et casier central) que sont déposés les bulletins envoyés des différents tribunaux. Ces bulletins portent le nom de bulletins n° 1. Comme les minutes des notaires, ils ne peuvent sortir des greffes.

La circulaire du 6 novembre 1850 avait institué en même temps un autre bulletin, dit bulletin n° 2, qui devait être employé pour répondre aux demandes de renseignements faites soit par la justice ou les administrations publiques, soit par de simples particuliers. Ces bulletins existent toujours, mais nous verrons que la loi du 5 août 1899 les a réservés exclusivement pour le service de la justice et des administrations de l'État, de plus cette loi leur a adjoint un nouveau bulletin dit bulletin n° 3. Nous étudierons ces modifications postérieurement.

TITRE II

NÉCESSITÉ D'UNE LOI

CHAPITRE PREMIER

Avantages du Casier judiciaire.

Ce système du casier judiciaire, par les services qu'il a rendus à la justice, aux grandes administrations de l'État et même aux simples particuliers, s'est imposé de telle sorte que la plupart des grandes nations civilisées, tout en lui faisant subir des modifications de détails plus ou moins grandes, se le sont approprié et ont créé des institutions similaires. Son utilité n'est plus à démontrer et le supprimer actuellement jetterait le désarroi dans l'administration de la justice.

C'est, en effet, sur son bon fonctionnement que repose l'économie des lois criminelles modernes ; comment, sans ce mode de renseignements qui, il faut le reconnaître, comme toute institution humaine

n'est pas parfait, appliquer la loi sur la récidive, sur
le sursis à l'exécution des peines (1).

Il est en quelque sorte indispensable à l'application de la nouvelle théorie pénale dont il est un des
promoteurs et qui tend à prévaloir dans la société
moderne.

Le Code de 1810 considère principalement la maté-
rialité de l'acte commis pour déterminer le quantum
de la peine à appliquer; nos lois nouvelles s'attachent
au contraire de plus en plus au degré de perversité
des coupables qu'elles divisent en délinquants primaires, récidivistes et malfaiteurs d'habitude, ce qui
rend les avantages du casier encore plus sensibles.

D'autre part au point de vue social, par la crainte
qu'il inspire aux criminels, il est un puissant moyen
de moralisation. L'individu qui commet une infrac-

(1) Le casier judiciaire renseigne d'une manière très exacte
les magistrats sur les antécédents du délinquant, encore faut-il
que ce dernier donne son état civil exact. Il est souvent très
difficile de reconnaître un récidiviste au moment de sa nouvelle
arrestation. Celui-ci n'a qu'à prendre un faux nom et à se donner une nouvelle personnalité. Le système des mesures anthro-
pométriques, dont M. Bertillon est le promoteur, corrige heu-
reusement ces inconvénients. Il n'est malheureusement pas
encore passé dans la pratique générale. Une loi sur ce point
serait nécessaire. Nous verrons peut-être un jour, suivant le
système d'un savant sociologue anglais, employer le tatouage
comme moyen de reconnaissance des anciens condamnés. Le
système de ce criminaliste consisterait à marquer les criminels
entre deux doigts du pied. Cette marque, qui ne serait pas appa-
rente, serait un moyen commode permettant de distinguer les
récidivistes des délinquants primaires.

tion à la loi pénale suppute en effet toutes les chances qu'il a d'éviter non seulement la vindicte publique, mais souvent et surtout dans le cas où il sera pris et condamné, de cacher, une fois la peine subie, la condamnation encourue. Il sait que cette condamnation subie n'importe où sera connue à son lieu de naissance au greffe duquel on en transmettra un extrait. C'est un « terrible châtiment », suivant l'expression de M. Rouher, châtiment qui inspire une crainte salutaire aux criminels timides ; crainte qui, quelquefois, arrêtera dans la voie du mal des malheureux que la perspective de la prison n'effrayait pas.

Au point de vue de l'exercice des droits politiques, le casier judiciaire a rendu à la société des services encore plus grands. De nos jours où, grâce au suffrage universel, tout citoyen a le droit et le devoir de voter, de prendre part à la gestion de la chose publique, il serait impossible, sans le casier judiciaire, de dresser les listes électorales (1). Nos lois pénales édictent des incapacités telles que : privation du droit de voter, de faire partie du jury pour certaines classes de condamnés. Aucun moyen certain, avant l'institution du casier judiciaire, ne permettait de vérifier ces déchéances. De là des cas de nullité multiples dans la confection des listes électorales et de celles

---

(1) La circ. du 29 déc. 1859, complétée surtout par les circ. des 21 juillet 1856 et 24 août 1874, a organisé le casier électoral que nous étudierons dans la deuxième partie de ce travail.

des jurés. Le système de M. Bonneville de Marsangy a fait disparaître ce danger. Grâce à l'infaillible procédé d'investigations dont il dispose, le pouvoir peut écarter des comices électoraux et des listes du jury tout citoyen indigne ou repris de justice.

Au point de vue du recrutement de l'armée, le casier judiciaire a, là encore, rendu de grands services. Actuellement tout individu qui désire contracter un engagement dans l'armée doit fournir un extrait de son casier. Par ce moyen il devient impossible de cacher certaines condamnations qui rendent indigne d'être admis au nombre des défenseurs du drapeau (1).

De même, au point de vue des fonctions publiques, la France compte un nombre incalculable de fonctionnaires, agents ou préposés qui sont, à un titre quelconque, délégataires d'une partie de la puissance publique. On comprend qu'il est de toute importance, pour le bon fonctionnement de l'administration et pour l'honneur même de l'autorité, de n'admettre au nombre de ces agents du pouvoir que des hommes d'une honorabilité absolue. Quelle confiance, en effet, pourrait inspirer un magistrat, un notaire, un agent quelconque de la force publique dont le passé ne serait pas intact? Quelle force morale aurait cet homme si, une faute inconnue au moment de son entrée en fonction venait plus tard à être révélée à ceux dont il doit juger les

---

(1) Circ. du 19 fév. 1874 institue un casier de recrutement. — Circ. du 14 août 1876 crée un casier de la marine dans chaque inscription maritime.

différends, par lesquels, grâce à sa situation, il a pu être choisi comme arbitre, comme dépositaire de leurs secrets de famille ou de leurs intérêts? M. de Forchaud avait, certes, raison quand il disait que, « envisagé au point de vue de l'intérêt social, le casier judiciaire est une institution excellente (1) ».

Mais si nous examinons l'utilité de ce système au point de vue de nos rapports internationaux, nous voyons que les résultats obtenus sont encore meilleurs.

La plupart des États européens nous ont emprunté la méthode de renseignements préconisée par Bonneville de Marsangy et les échanges de bulletins entre les divers pays sont devenus d'un usage courant. Des conventions internationales ont été faites en ce sens : le 25 avril 1857 avec l'Autriche-Hongrie, le 12 décembre suivant avec la Bavière, le 15 décembre 1818 avec l'Italie, au commencement de 1870 avec le grand-duché de Bade, le 21 mars de la même année avec la Belgique. De même une convention à ce sujet, annexée au traité de Francfort du 10 mai, fut conclue entre la France et l'Empire allemand. Enfin, nous avons dans ce sens une clause du traité d'extradition avec le grand-duché de Luxembourg, du 1er septembre 1875, un arrangement intervenu le 17 décembre 1880 entre les gouvernements français et suisse. Tous ces arrangements, clauses, conventions établis-

---

(1) H. de Forchaud, *Journ. du ministère public et du droit criminel*, 1891, p. 85, n° 3326.

sent l'échange réciproque des notices ou relevés de condamnations des nationaux de chacun de ces pays.

Quoi de plus utile, en effet, que ces échanges de bulletins à notre époque de cosmopolitisme, depuis que les déplacements, grâce aux moyens modernes de locomotion, sont devenus si fréquents. En vingt-quatre heures, nous pouvons ou plutôt, le ministère public peut être exactement renseigné sur les antécédents de tous ceux dont il a intérêt à connaître la moralité. Et cela est d'autant plus utile qu'en général la plupart des repris de justice s'éloignent du théâtre de leurs crimes et vont au loin faire de nouvelles dupes, commettre de nouveaux forfaits.

CHAPITRE II

Inconvénients du Casier judiciaire.

Si le casier judiciaire, comme moyen de répression. de prévention a rendu à la justice d'immenses services ; si au point de vue social et politique il s'est imposé à nous, et est, en quelque sorte, entré dans nos mœurs, nous devons reconnaître que dans les rapports des citoyens entre eux, son rôle a encore été plus grand.

« Les demandes de bulletins n° 2, disait M. Maulmond. avocat général, deviennent de jour en jour plus fréquentes et il semble que l'usage que l'on fait couramment de ces extraits eût dû suffire pour défendre l'organisation actuelle du casier judiciaire (1). »

Et, en effet, actuellement, il n'est pas de grands chefs d'usine. d'administrations importantes, qui, à une demande d'emploi, ne répondent en exigeant de l'impétrant tout d'abord un extrait de son casier judiciaire.

De nos jours où les progrès du mal vont sans cesse croissant. on tient à connaître qui on emploie et de

---

(1) Maulmond, avocat général, *Lois nouvelles*, 1899, 2ᵉ partie, p. 30.

même qu'autrefois on exigeait de l'ouvrier la présentation de son livret, de même maintenant on lui demande un extrait de son casier judiciaire. Tout patron soucieux de ses intérêts, surtout depuis que les doctrines anarchistes se sont fait jour, depuis que les grandes idées directrices de la conscience humaine s'effacent dans l'esprit de la classe ouvrière, tout patron, disons-nous, veut savoir si celui qu'il prend à son service n'a rien à se reprocher contre la société.

Et pourtant, malgré les services que ce mode de renseignements rend tous les jours dans les relations entre employés et patrons, c'est précisément sur ce point que le casier judiciaire a soulevé les critiques les plus vives, les attaques les plus violentes. Ces critiques sont, il faut le reconnaître, bien loin d'être dénuées de raison.

Du casier judiciaire, qui primitivement n'aurait dû servir qu'à faciliter la bonne administration de la justice et le fonctionnement régulier de nos institutions politiques, on a fait une agence de renseignements ouverte à tous. Certains jurisconsultes ont vu là une peine, peine d'autant plus arbitraire qu'elle n'était édictée par aucune loi. Sans doute certaines lois paraissent attribuer au casier judiciaire les effets d'un acte législatif. Il est cité notamment dans la loi du 14 août 1885 sur la réhabilitation, dans celle du 26 mars 1891 (art. 4) ordonnant l'inscription au casier, pendant cinq ans, des peines qui ont bénéficié du sursis, dans celle du 30 octobre 1886 (art. 38) exigeant la production de son casier à tout instituteur

ouvrant une école primaire, dans celle enfin du
26 janvier 1892 (art. 5) dispensant du timbre les bulletins délivrés aux particuliers. Il n'en est pas moins
vrai que, jusqu'au 5 août 1899, aucune loi n'avait
réglementé cette institution d'une manière générale.

D'autres publicistes éminents, effrayés par les progrès de la récidive et constatant avec terreur que
nous nous trouvons « en présence d'un débordement
de démoralisation (1) », pensèrent que le casier judiciaire, par la divulgation qu'il fait des anciennes
fautes, empêchait les libérés de trouver du travail,
de se réhabiliter et les rejetait fatalement dans le
crime.

Résumant, en quelque sorte, les attaques dont cette
institution était l'objet à la séance de la Chambre des
députés du 12 juillet 1898, M. Dejeante s'écriait :
« Le casier judiciaire comme toute œuvre inavouable
est né dans l'ombre, non en vertu d'une loi ni d'un
décret, mais d'une simple circulaire de MM. Rouher
et Abbattucci, qui préparaient ainsi le crime qu'ils
voulaient commettre contre la République et contre
la France. Ces noms et cette date de 1851 suffiraient
seuls à démontrer que leurs auteurs n'avaient pas
tant en vue la moralisation des condamnés, la protection de la société, que d'assurer par cette œuvre
policière leurs criminels desseins dont le pays subit

---

(1) *La Justice en France, de 1826 à 1880, et en Algérie, de 1853
à 1880*, rapport adressé à M. le Président de la République par
le Garde des Sceaux.

3

si lourdement aujourd'hui les désastreuses conséquences (1) ».

Ce n'était là qu'un faible écho de la campagne
menée contre le casier judiciaire. Pourtant, il faut le
reconnaître, personne, même parmi les adversaires
les plus acharnés de ce système, n'a demandé la suppression complète du casier judiciaire. Tous recon-
naissent, et nous sommes de ceux-là, le droit absolu
de la justice et de l'État de se renseigner sur la moralité, de connaître les antécédents de ceux avec qui
ils ont affaire.

Mais une chose contre laquelle on ne saurait trop
s'élever, c'est cette publicité, cette divulgation donnée
à tous et pour tous. Il y a là, en quelque sorte, une
diffamation légale qui ne peut être admise. Il est
assez pénible pour un malheureux d'avoir subi une
condamnation souvent légère, condamnation qui a
pu être le résultat d'un moment d'oubli, de circonstances quelquefois indépendantes de sa volonté, sans
encore le faire suivre partout par ce certificat infamant. Le condamné a pu, agissant sous l'influence
du jeune âge, de l'irréflexion, commettre un vol dans
un magasin à entrée libre et le voilà pour ce vol
insignifiant, pour cette peccadille, qu'on nous par-
donne l'expression, gratifié d'un casier judiciaire!
Qu'il aille plus tard demander du travail, qu'il
s'adresse aux grandes Compagnies, avec son casier,

----

(1) *Journ. offic.*, Chambre des Députés, sess. de 1898, ann.
n° 225.

toutes les portes lui seront fermées. Il ne pourra
même pas obtenir le plus humble emploi dans une
compagnie de chemins de fer. On ne voudra pas de
lui pour pousser un wagon, nettoyer une lampe,
laver une salle.

C'est bien là « un terrible châtiment », selon l'expression de M. Rouher, mais aussi et souvent châtiment immérité, toujours disproportionné.

La liste en est longue des malheureux qui, après
une faute de jeunesse ont essayé de se réhabiliter,
qui y étaient même parvenus, mais dont la carrière a
été brisée par la divulgation de leur casier judiciaire.
Qui ne connaît l'histoire navrante de cet homme,
racontée par M. Bérenger à la tribune du Sénat. Après
un péché de jeunesse, il était entré dans l'industrie.
D'abord employé, il devint bientôt, grâce à son travail, sa bonne conduite, son intelligence, l'associé du
directeur. Par l'effet du hasard, ses ouvriers apprennent
la condamnation autrefois encourue, aussitôt la vie
lui devient impossible en son usine. Il est obligé de
fuir, d'aller ailleurs se faire une nouvelle situation.

Il suffit de parcourir la *Revue de la Société générale
des Prisons* pour se convaincre du mal fait par le
casier judiciaire.

Est-ce là le but que se proposait l'instigateur de
ce système quand il nous disait dans son beau livre
sur « l'amélioration de la loi criminelle »? Il faut
« écarter des libérés les obstacles qui peuvent, dans
les premiers temps de la libération, mettre en péril
leurs bonnes résolutions, entraver leurs moyens de

travail et leur paisible reclassement dans la société (1) ».

Loin de faciliter aux libérés les moyens de travail et le paisible reclassement dans la société, le casier judiciaire les pousse à la récidive. Sans doute, dira M. Bonneville de Marsangy, « trop souvent des individus déjà condamnés, comparaissant à nouveau devant les tribunaux, allèguent pour leur défense qu'ils ont tué ou volé pour vivre. L'excuse est commode et de style. Y ajouter une foi naïve serait faire preuve d'une excessive crédulité. » Pourtant dans cette excuse, il y a souvent du vrai. Fréquemment, en divulguant une faute insignifiante, le casier judiciaire a enlevé tout espoir de réhabilitation à celui sur lequel il pèse. Il faut reconnaître que c'est une des causes de l'augmentation toujours croissante de la récidive, car il devient, la plupart du temps, pour les condamnés un obstacle invincible à tout emploi honnête de leur temps ou de leur intelligence. « Il divulgue (le casier judiciaire) imprudemment des fautes négligeables et il se souvient trop longtemps puisqu'il se souvient toujours des condamnations prononcées (2) ».

Sans doute, une condamnation n'empêchera pas celui qui l'a subie de trouver un emploi comme manœuvre dans les travaux des champs ou même dans nos grands ports où les Allemands et les Italiens

---

(1) Bonneville de Marsangy, *Amélioration de la loi criminelle.*
(2) Leveillé, journal *Le Temps*, 27 mars 1891.

pullulent. Mais jamais un individu affligé d'un casier judiciaire ne pourra trouver une place de comptable ou de commis dans une maison où l'on demande à l'employé un travail plus relevé, une initiative plus grande.

La Révolution française avait supprimé les livrets d'ouvriers comme contraires à la liberté du travail. Mais qu'est-ce donc que le casier judiciaire, sinon un livret sur lequel ce ne sont pas les appréciations plus ou moins élogieuses des anciens patrons qui sont mentionnées, mais bien des condamnations encourues? Et encore, si à côté de l'énoncé de cette condamnation on pouvait voir une note indiquant, expliquant dans quelles circonstances elle a été méritée? Mais rien, simplement un article du Code! Livret d'autant plus humiliant que celui qui en est gratifié doit lui-même mettre au jour son infamie. Refuse-t-il de montrer son casier? Aussitôt il est jugé. Son refus indique suffisamment que ce casier n'est pas vierge ; qu'il a déjà eu des démêlés avec la justice.

Comme une robe de Nessus, le casier judiciaire s'attache après sa victime. Repoussée de toutes parts, elle n'aura plus qu'à se jeter dans des professions interlopes, souvent inavouables et fatalement ira grossir l'armée du mal.

Nous comprenons M. Leveillé, le savant professeur de la Faculté de droit de Paris, quand il s'écrie : « Le pilori a-t-il autant qu'on le suppose disparu de nos Codes? N'a-t-il pas plutôt subi un changement de formes? Au moyen-âge, le pilori, c'était l'exposi-

tion publique des condamnés eux-mêmes que l'autorité livrait en spectacle aux regards avides et aux
quolibets de la foule. Depuis 1848, cette exposition
des condamnés s'est convertie en un simple affichage;
en un mot l'exposition des condamnations a été substituée à l'exposition brutale du condamné. Certes le
progrès d'une époque à l'autre est sensible, je ne le
nie pas, je tiens même à le reconnaître et à le constater. Mais n'est-il pas manifeste que l'inscription au
casier n'est, en dernière analyse et au fond, qu'un
mode particulier de l'exposition des condamnés eux-
mêmes? (1) »

Il y a là, en quelque sorte, une peine accessoire,
peine qui, certes, n'est pas écrite dans nos Codes,
mais qui n'en existe pas moins, et qui fait expier
une faute mieux que les quelques mois de prison ou
l'amende prononcés par le Tribunal. Mais, dira-t-on,
il n'y a pas de peine sans texte. Sans doute, légale-
ment, l'inscription au casier n'est pas une peine.
Mais, en droit criminel, il ne faut pas s'en tenir seulement au mot. C'est l'effet moral qui doit être considéré.
Qu'est-ce donc qu'une peine, sinon une souffrance,
une gêne, soit physique, soit morale? Le casier judiciaire produit ces deux effets : au point de vue physique, il empêche la plupart du temps le condamné
de trouver du travail et par suite de gagner sa vie;
au point de vue moral : qu'y a-t-il de plus infamant
pour un individu que de dévoiler lui-même sa honte?

---

(1) Leveillé, journal *Le Temps*, 27 mars 1891.

En effet, cette institution a cela de plus pénible qu'un tiers ne peut obtenir un extrait, il faut que ce soit celui qui sollicite un emploi, qui le demande et le présente à son patron. Et nous aimerions peut-être mieux la liberté absolue que cette liberté restreinte de circulaires ministérielles des 14 et 6 décembre 1876. insistant sur « la nécessité d'interdire, en dehors des exigences de l'intérêt public, la divulgation des renseignements contenus aux casiers judiciaires, à moins d'une demande de la personne que ces renseignements concernent (1) ».

Le Garde des Sceaux, en édictant ces mesures et en recommandant cette circonspection au ministère public, avait été frappé par les inconvénients de la trop grande liberté permise dans la délivrance des bulletins. Mais cette demi-liberté était encore trop grande.

Permettre à de simples particuliers de se faire délivrer un extrait de leur casier judiciaire, c'est autoriser indirectement certaines personnes à en prendre connaissance. Comme nous le disions ci-dessus, ce n'est pas l'employeur qui ira au greffe consulter les antécédents du demandeur, mais bien ce dernier qui doit, sur sa demande, apporter un extrait des bulletins relatant les condamnations qu'il a pu encourir.

C'est là, à notre avis, ce qu'il y a de plus pénible, de plus humiliant et, en quelque sorte, d'exorbitant dans cette institution.

---

(1) *Sic* : circ., 8 janvier 1890.

Ces critiques avaient d'autant plus de poids que cette peine n'était pas la même pour tous. Sans doute, tout individu condamné est aussitôt qualifié d'un casier judiciaire. Mais cette inscription ne produit ces funestes résultats qu'autant que le délinquant a besoin de faire connaître ses antécédents judiciaires. Qu'importe au capitaliste que son nom soit porté sur une des fiches du casier judiciaire de son arrondissement de naissance, puisqu'il ne se trouvera jamais dans la nécessité de produire un extrait de ce casier. Ses richesses le mettent à l'abri du besoin. Il n'a pas à solliciter un emploi ou un travail rémunérateur. Pour l'ouvrier, au contraire, pour celui qui doit travailler, le casier est une peine, peine d'autant plus injuste qu'elle le frappe seul et passe à côté du riche.

Peut-être cette inégalité dépend-elle plutôt de l'inégalité sociale que de l'institution elle-même? Quoi qu'il en soit, il y avait là encore une injustice évidente.

C'est ce qu'on finit par comprendre, et le **23 juin 1890**, M. Albert Chiché et plusieurs de ses collègues saisissaient la Chambre des députés d'un projet de loi ayant pour but d'effacer, au bout d'un certain temps, les condamnations portées au casier judiciaire. Le **19 octobre 1891**, M. Engerand demandait que des condamnations sans importance ne fussent jamais portées au casier judiciaire.

Enfin, dans l'intervalle, le Garde des Sceaux lui-même reconnaissait qu'une nouvelle réglementation s'imposait. Une Commission extraparlementaire fut

instituée au Ministère de la Justice. et le 21 octobre
1891. M. Fallières, président du Sénat, déposait, sur
le bureau du Sénat. un projet qui devint la loi du
5 août 1899.

CHAPITRE III

Nécessité d'une réforme.
Différentes théories en présence.

Comme on vient de le voir, le casier judiciaire, par l'emploi qu'on en faisait, avait de nombreux inconvénients. Aussi nombreux étaient les systèmes proposés pour accomplir une réforme jugée nécessaire. C'est pourquoi la Commission extraparlementaire, instituée au Ministère de la Justice, n'eut qu'à choisir parmi les différentes théories émises par les publicistes et les criminalistes distingués qui s'étaient occupés de la question.

Ces théories peuvent être rattachées à trois doctrines principales.

I. — Celle de la publicité intégrale et complète de toutes les condamnations portées au casier judiciaire. Publicité semblable en tout point à celle donnée aux actes de l'état civil, de telle sorte qu'un tiers quelconque, sur une simple demande, eût pu obtenir du ministère public la délivrance de tous les extraits qu'il lui eût plu de demander.

Certains partisans de cette doctrine admettaient

pourtant un palliatif à sa rigueur. Suivant ces derniers, les bulletins n'auraient pu être délivrés qu'à
l'intéressé lui-même et sur sa demande.

Ce système, en un mot, consacrait les errements
suivis jusqu'alors dans la pratique pour la délivrance
des bulletins aux particuliers.

En dire les inconvénients, ne serait que rééditer
toutes les critiques soulevées par l'institution elle-
même, ou plutôt contre l'emploi qu'on faisait de cette
institution.

En somme, cette théorie ne demandait qu'une
chose, la légalisation de la pratique suivie depuis 1850.

Peut-être qu'au point de vue rationnel cette doctrine de liberté absolue était la meilleure. Sans doute,
suivant M. Faguet : « Le casier judiciaire devrait
contenir tout le passé d'un homme intégralement. De
cette façon, il aurait de l'autorité ; de cette façon, il
serait authentique ; de cette façon, on ne serait pas
tenté d'y lire à travers les lignes et à travers le fili-
grane et d'y soupçonner des choses graves, matériel-
lement dissimulées (1) ».

Grâce à cette publicité, on connaîtrait exactement le
passé et les antécédents des individus qu'on emploie.
On n'aurait pas besoin de se livrer à des recherches
minutieuses, souvent même impossibles, pour connaître la moralité des personnes avec lesquelles on
peut être appelé à traiter, auxquelles on peut avoir
des intérêts à confier. Aucun soupçon, plus ou moins

---

(1) E. Faguet, journal *Le Gaulois*, 22 mars 1899, n° 6311.

vague, ne pourrait plus être émis sur l'honorabilité
d'individus occupant des fonctions administratives
ou devant, par l'élévation de leur position, leur
influence sociale, jouir de la considération publique.

Enfin, si cette théorie était la plus rationnelle, elle
était peut-être aussi la plus juridique. Les actes de
de l'état civil sont publics ; les journaux publient les
condamnations prononcées et toute personne peut
prendre copie des jugements ou arrêts rendus en
correctionnelle ou aux assises.

Mais il ne faut pas pousser la logique trop loin.
Sans doute, avec ce système de la publicité intégrale,
un industriel, un employeur saura à qui il s'adresse.
Il discernera la gravité d'une condamnation et la vue
d'un bulletin mentionnant, par exemple, une condamnation à l'amende pour délit de chasse, ne l'empêchera pas de prendre le porteur de ce casier judiciaire à son service. Sans doute, suivant M. Emile
Faguet : « Le cahier est destiné à être lu par des gens
de bon sens, qui n'ont de soupçons qu'à l'égard de ce
qu'on peut cacher, mais qui ne vont pas sortir des
gonds pour quelques peccadilles très rachetées. Eh
bien ! oui, ce garçon a commis un délit avant l'âge
de 16 ans. Le casier le dit. Et il n'en a pas commis
depuis. Le casier le prouve. C'est à moi de juger.
Cela vaut mieux qu'une incertitude générale qui me
fera étendre mes soupçons sur tous les honnêtes
gens que je rencontrerai. La vérité est que le casier
authentique, le casier intégral est la protection des

honnêtes gens et encore la protection des demi-coupables (1) ».

Tout ceci est très beau, mais le malheur est que les gens intelligents et de bon sens sont l'exception. Il est triste qu'en France où la charité s'exerce sous toutes les formes pour soulager la misère, où le jury est si accessible à des sentiments de commisération et d'indulgence, on ait en quelque sorte une répulsion invincible pour celui qui a été condamné par un tribunal de répression.

Avoir un casier est, dans le langage populaire, synonyme d'être déshonoré.

Pourtant tout citoyen a un casier judiciaire. Tout individu peut réclamer son casier, qu'il ait ou non été déjà condamné ; mais s'il n'a jamais subi de condamnation, le bulletin qui lui sera délivré portera simplement la mention *néant*.

Sur ce point, comme sur beaucoup d'autres, notre éducation civique n'est pas assez développée. Accorder une aussi grande liberté serait peut-être prématuré, et toute liberté donnée trop tôt, l'expérience nous l'a prouvé, dégénère souvent en licence. Du reste ce système, suivi par la pratique, avait soulevé des critiques sans nombre. Nous les avons exposées plus haut, nous n'y reviendrons pas. La Commission extra-parlementaire le rejeta.

_____

(1) E. Faguet, journal *Le Gaulois*, 26 mars 1899, n° 6311.

II. — Une seconde théorie fut examinée par la Commission extra-parlementaire. Absolument opposée à la précédente, elle en est la contre-partie. C'est celle de la clandestinité absolue. Elle refuse aux simples particuliers la communication du casier judiciaire même en ce qui les concerne. Avec ce système, le casier est réservé exclusivement au service de la justice et des administrations de l'État.

Beaucoup de bons esprits, en présence des abus d'une publicité intégrale et absolue pour tout et pour tous, sans demander, cependant, la suppression complète de cette institution, s'étaient rattachés à cette théorie. « J'avoue, disait M. Bérenger, que c'est la solution qui m'aurait le plus satisfait (1) ».

Nous croyons qu'ils avaient raison. Nous ne voulons pas revenir sur les inconvénients de la publicité donnée au casier judiciaire. Ces inconvénients mêmes et les critiques qu'ils ont soulevées justifient cette seconde théorie.

Au point de vue théorique et juridique, ce système s'impose peut-être encore mieux que le précédent.

Quels étaient, en effet, les fondements de l'origine du casier judiciaire ? Ce sont les articles 600 à 602 du Code d'instruction criminelle. Ces articles imposaient pour les greffiers, l'envoi trimestriel au Ministère de la justice, des notices contenant les condamnations prononcées par la Cour ou le Tribunal de leur greffe.

En admettant, si toutefois on l'admet, que de sim-

---

(1) Sénat, séance du 8 déc. 1898 ; *Officiel* du 9 déc. 1898, p. 969.

ples circulaires ministérielles aient pu modifier le fonctionnement de cette institution, il est absolument inadmissible qu'elles aient pu en modifier le fondement juridique. Or, le principe posé par le législateur est que ces notices devaient être secrètes. Elles ne devaient et ne pouvaient être communiquées qu'aux magistrats. Permettre aux administrations privées ou même aux simples particuliers, comme la pratique, « légitimée par une circulaire imprudente », l'autorisait, cela est absolument illégal (1).

Enfin, la divulgation, par une publicité sans cesse renaissante des condamnations encourues, constitue une aggravation certaine de peine. Cette aggravation n'est pas écrite dans la loi pénale où pourtant tout est de droit strict.

Ce système fut vivement défendu au sein de la commission chargée de rédiger le projet de loi sur le casier judiciaire, cependant il ne fut malheureusement pas admis.

III. — La Commission adopta une troisième théorie intermédiaire. En voulant contenter tout le monde, peut-être ne contenta-t-elle personne.

Pensant qu'en droit pénal on ne peut se renfermer dans des principes absolus, qu'en cette matière, « ce n'est point avec des abstractions qu'on peut

---

(1) Lebret, garde des sceaux, à la séance du Sénat du 8 déc. 1898, p. 971. — La circ. du 14 août 1876 a été abrogée par les circ. des 4 déc. 1884 et 8 janv. 1890.

atteindre le but de justice qu'il faut avant tout réaliser (1) », la Commission admit un système mixte. Ce système, qui n'est ni la clandestinité, ni la publicité intégrale, repose sur les idées fondamentales suivantes :

1° La justice, les administrations publiques et le titulaire, seuls, pourront se faire délivrer des extraits du casier judiciaire.

2° Les extraits destinés aux deux premiers seront le résumé fidèle, exact et complet du bulletin n° 1.

3° Ceux délivrés aux particuliers (bulletin n° 3), ne mentionneront que certaines condamnations et seulement pendant un certain temps.

C'est, en quelques lignes, toute l'économie de la loi du 5 août 1899.

Ce système, admis par la commission, n'est pourtant ni aussi logique, ni aussi juridique que les deux précédents ; mais il est plus humain. Grâce à lui, les péchés de jeunesse seront effacés, et des milliers d'individus qui ont failli à l'honneur, inconsciemment ou non, pourront plus facilement se reclasser dans la société.

Cependant, on peut se demander devant cette théorie, que deviendra l'honnête homme, celui qui, étant pauvre, besogneux, chargé de famille, d'ascendants ou descendants, a résisté à la tentation et conservé intactes sa conscience et son honorabilité.

_____

(1) M. Bérenger, séance du 7 mars 1898, *Offic.* du 8 mars 1898, p. 248.

Cette théorie veut qu'au bout d'un certain temps certaines condamnations ne soient plus portées au casier judiciaire.

Prenons un exemple :

Le directeur d'une usine, d'une industrie, d'une entreprise quelconque a besoin d'un employé. Deux se présentent, munis chacun d'un casier judiciaire négatif. Toutefois l'un des deux candidats a été autrefois condamné à trois mois d'emprisonnement pour escroquerie ; l'autre a toujours vécu honnête et probe. Cela, l'employeur l'ignore. Or, en cette ignorance, il lui arrivera peut-être de préférer le candidat frappé pour escroquerie au candidat qui n'a jamais failli. Question souvent de sympathie vulgaire, mais suggestive : les chevaliers d'industrie ont l'abord sympathique.

Aussi, à ce système de publicité trompeuse (1), nous aimerions mieux, à tout prendre, une publicité intégrale, telle que nous l'avions auparavant. Cette

---

(1) La création d'un bulletin n° 3, tel que le préconisait le système adopté par la Commission et que l'institue la nouvelle loi, présentera les mêmes inconvénients que le système antérieur, sans l'avantage qu'il avait de faire connaître la situation exacte, quant aux condamnations, de celui qui en était l'objet ; rien n'établit, en effet, qu'au point de vue de la moralité générale, les condamnations que laisse subsister la nouvelle loi soient un critérium plus sûr que celles dont elle écarte l'inscription.

Il faudra donc rendre au casier judiciaire son véritable caractère et en revenir au principe de sa clandestinité absolue.

(Extrait d'un rapport présenté par M. Poisot, avocat à la Cour d'appel, au groupe dijonnais de la Société des Prisons. *Rev. de la Soc. gén. des Pris.*, an. 1899, p. 1068).

publicité, qui changeait en quelque sorte l'État en une agence de renseignements, nous la réprouvons et lui préférons le système de la clandestinité absolue tel qu'il existe en Allemagne. La Commission n'a pas osé aller aussi loin dans la réforme du casier judiciaire. Elle a eu tort. Du reste, les difficultés d'application de son système sont telles qu'il est en quelque sorte impossible de le mettre en pratique d'une manière régulière. C'est ce que nous allons voir en étudiant la loi du 5 août 1899.

DEUXIÈME PARTIE

LOI DU 5 AOUT 1899

GÉNÉRALITÉS

Exposée au Sénat par le rapporteur, M. Jules Godin, dans la séance du 8 juillet 1898, la loi sur le casier judiciaire ne vint en discussion que les 8 et 9 décembre suivants, c'est-à-dire plus de sept ans après le dépôt du projet.

Le 7 mars 1899, le Sénat adoptait, en deuxième délibération, le texte qui est devenu celui de la loi du 5 août 1899. Ce texte fut voté sans discussion par la Chambre des députés, malgré l'importance et la gravité des questions soulevées par cette institution.

Cette loi du 5 août, comme nous le disions plus haut, est l'application de la théorie admise par la Commission extraparlementaire. A part la création d'un nouveau bulletin, le bulletin n° 3, l'institution de la réhabilitation de plein droit, et la prescription des mentions portées au bulletin n° 3 au bout d'un certain temps, cette loi n'a fait que consacrer la pratique suivie depuis 1850.

L'institution du casier judiciaire est restée la même et le principe intact. Comme par le passé, les bulletins sont localisés au greffe de l'arrondissement du lieu de naissance, et le greffier, sous la surveillance du parquet, en a toujours la garde.

Le casier central continue à fonctionner au ministère de la justice, dirigé par un agent du Garde des Sceaux.

Somme toute, le législateur de 1899 a consacré législativement une pratique d'un demi-siècle.

TITRE PREMIER

BULLETIN N° 1

—

CHAPITRE PREMIER

Formalités matérielles.

Le bulletin n° 1 est une feuille de papier blanc, conforme au modèle annexé au décret du 12 décembre 1899. Cette feuille de papier, ou fiche, porte différentes mentions imprimées que le greffier n'a plus qu'à compléter. Nous étudierons ces mentions postérieurement. Cependant, lorsqu'il s'agit d'un individu qui a déjà été condamné, le bulletin doit porter la mention manuscrite « récidive ». Cette mention a été substituée avec raison à l'ancienne (1). Autrefois, en effet, l'expression « récidiviste » employée dans ce cas laissait supposer que le condamné était récidiviste au sens légal du mot. Or, nous savons qu'il ne suffit pas d'avoir été condamné une fois pour être

---

(1) V. *Lois nouvelles*, A. Maulmond, 1900, I, 115.

récidiviste : la récidive a été réglementée par les articles 56, 57, 58, 200, 471, 475, 478, 483 du Code pénal et par la loi du 27 mai 1885. Ce qu'a voulu simplement le législateur, c'est faciliter le travail du fonctionnaire chargé de classer les bulletins n° 1, la mention « récidive » lui indiquant que le condamné a déjà un casier judiciaire.

Ce modèle est uniforme et s'applique à tous les bulletins n° 1. C'est avec raison que la circulaire du 15 décembre 1899 supprime les bulletins rédigés sur papier rouge, relatifs aux décisions prononcées par application de l'article 61 du Code pénal. Cette mesure, destinée à attirer l'attention des greffiers qui ne devaient mentionner ces décisions que sur les bulletins n° 2 destinés au ministère public, n'a plus lieu d'exister. En effet, nous verrons qu'un certain nombre d'autres décisions doivent également, en vertu des articles 7 et 8 de la loi, cesser, dès l'origine ou après un certain délai, de figurer au nouveau bulletin n° 3, créé pour remplacer le bulletin n° 2.

Enfin, les bulletins n° 1 sont encore classés, au greffe de l'arrondissement du lieu de naissance, ou au casier central, par ordre alphabétique et par ordre de date des décisions.

CHAPITRE II

Rédaction du Bulletin n° 1.
Mentions qu'il doit porter.

Comme par le passé, c'est toujours le greffier de la juridiction d'où émane la décision qui rédige le bulletin n° 1.

Cette rédaction comprend deux sortes de mentions, correspondant chacune à un objet différent : la désignation de l'individu et celle de la décision constatée.

A. — *Mentions concernant l'individu.*

Ces mentions sont les suivantes :

1° Le nom en tête du bulletin et en gros caractères pour faciliter les recherches ;

2° Les prénoms, surnoms, sobriquets, pseudonymes ;

3° Les nom et prénoms du père ;

4° Les nom et prénoms de la mère ;

5° La date de naissance ;

6° Le lieu de naissance (en tête et à gauche du bulletin, le greffier indique l'arrondissement du lieu de naissance) ;

7° Le domicile ;

8° L'état civil et celui de la famille;

9° La profession;

10° La nationalité.

Autrefois, le modèle donné par la Chancellerie portait en marge le signalement et les signes particuliers du condamné. Ces mentions n'existent plus sur le modèle annexé au décret du 12 décembre. Elles avaient, du reste, peu d'utilité. Il eût été préférable d'indiquer, comme le voulait un article du projet de loi, « le signalement anthropométrique du condamné dans tous les cas où il a été relevé. » La méthode très simple de M. Bertillon est en effet la plus pratique et la seule vraiment exacte, permettant l'identification d'un individu.

La Commission n'admit cependant pas cet article du projet. Elle n'a pas voulu reconnaître, comme on l'avait fait plusieurs fois pour le casier judiciaire (1), avant qu'une loi fût venu le réglementer, un système d'identification que le Parlement n'avait pas encore sanctionné, et qui, d'un jour à l'autre, peut être modifié complètement par une simple circulaire ministérielle. Cette mesure aurait, du reste, été peu efficace et en partie sans effet. Le signalement anthropométrique n'est pas appliqué aux femmes. D'autre part, on

_____

(1) Le casier judiciaire, avant la loi du 4 août 1899, a été reconnu notamment par la loi du 14 août 1885 sur la réhabilitation, par celles du 30 oct. 1880 sur l'enseignement primaire, du 15 juillet 1889 sur le recrutement, et enfin par celle du 26 mars 1891 sur l'atténuation et l'aggravation des peines.

soutient que les condamnés ne sont pas tenus de s'y soumettre, et enfin, presque tout le monde est d'accord pour reconnaître aux prévenus le droit de s'y dérober.

On pourrait faire une loi en ce sens, surtout pour obliger les prévenus à se soumettre à la mensuration : car, pour les condamnés, nous croyons que, même maintenant, ils peuvent y être astreints comme étant obligés à se soumettre aux règlements des prisons.

B. — *Mention de la décision constatée.*

Le greffier doit porter sur le bulletin n° 1 :

1° Les condamnations contradictoires ou par contumace, et les condamnations par défaut non frappées d'opposition, prononcées pour crimes et délits par toute juridiction répressive.

De ces derniers mots : « toute juridiction répressive » on pouvait légitimement conclure que, contrairement aux instructions antérieures de la Chancellerie, les condamnations à l'amende prononcées par les tribunaux correctionnels à la requête des administrations des forêts, des contributions indirectes et des douanes, devaient être constatées par les bulletins n° 1, nonobstant le caractère civil de ces condamnations. En fait, cette mesure aurait été grandement utile si, comme nous le pensons, il avait été prescrit la jonction d'un bulletin n° 2 à toutes les procédures suivies par ces administrateurs ; seule, la production du bulletin n° 2 permettant aux tribunaux de connaître les véritables antécédents des prévenus.

C'est ainsi qu'en avait décidé la circulaire ministérielle du 15 décembre. Mais, peu après, le Garde des
Sceaux revenait sur ses précédentes instructions, et,
par une nouvelle circulaire du 22 janvier 1900, il ordonnait de continuer à observer sur ce point les
prescriptions des circulaires des 30 décembre 1850 et
30 décembre 1883, lorsque ces infractions « ne sont
pas réprimées par une peine corporelle » :

« Ces infractions, dit-il, ne devant pas être assimi-
lées à des délits. » Toutefois, comme par le passé, le
bulletin n° 1 devra constater toutes les condamnations prononcées en matière de chasse et de pêche.

Est-ce là ce que veut la loi? Nous ne le croyons
pas. La formule du § 1 est très large. D'une manière
générale, elle impose au greffier l'obligation de dresser un bulletin n° 1 à la suite de toute condamnation
pour crime ou délit, c'est-à-dire pour toute infraction punie d'une amende supérieure à 15 fr. Il n'y a
donc pas à distinguer ce qu'on appelle les délits
contraventionnels d'avec les délits ordinaires.

Ceci nous amène à nous demander quelles sont les
juridictions répressives prévues par la loi.

Il est certain que toutes les juridictions ayant qualité pour réprimer les crimes et les délits, tels que
Tribunaux correctionnels, Cours d'assises, Haute-
Cour (1), Tribunaux maritimes et militaires sont de
ce nombre.

---

(1) Lettre du Garde des Sceaux au Procureur général de Paris,
13 mai 1853.

De même. incontestablement, les Tribunaux civils prennent ce caractère de juridictions répressives, quand ils prononcent des peines pour infractions commises au cours de leurs audiences. C'est avec raison, croyons-nous, qu'en décide ainsi la circulaire ministérielle du 15 décembre 1899.

Mais il ne pourrait en être ainsi pour ce qui concerne les décisions prises par le président faisant la police de l'audience et ordonnant, par exemple, l'expulsion d'un perturbateur. Il faut, cependant, reconnaître que le juge de paix, appliquant l'article 222 du Code pénal doit. dans cette circonstance. être assimilé à un magistrat d'une juridiction répressive. Son greffier devra donc envoyer au greffier correctionnel tous renseignements lui permettant de dresser un bulletin n° 1, au nom du délinquant (1).

Une dernière question se pose en ce qui concerne les décisions entraînant déchéance de la puissance paternelle. Ces décisions doivent-elles être mentionnées au bulletin n° 1? Si cette déchéance résulte d'une condamnation pour crime ou délit, il est certain qu'elle devra être portée au casier. Dans tout autre cas, nous ne le pensons pas. C'est. du reste, en ce sens qu'est rédigée la circulaire du Garde des Sceaux, du 15 décembre 1899. n° 9 : le Ministre de la justice appuie cette opinion sur les travaux préparatoires de la loi.

2° Doivent être mentionnées au bulletin n° 1, les

---

(1) En ce sens. Cas. crim., 3 août 1854, P., 56, p. 355.

décisions prononcées par application de l'article 66 du
Code pénal, c'est-à-dire tout jugement prononçant
l'acquittement d'un mineur de 16 ans, comme ayant
agi sans discernement, ou son renvoi dans une maison de correction jusqu'à 21 ans.

Autrefois cette mention, c'était la seule, était destinée à rester secrète. Elle était portée sur des bulletins d'une couleur spéciale, cela depuis la circulaire
du 8 décembre 1868. Nous avons vu, en en donnant
les motifs, qu'il n'en est plus de même aujourd'hui.
La circulaire du 15 décembre 1899 prescrit pour la
rédaction de ces bulletins n° 1, l'emploi du modèle
annexé au décret pris en exécution de l'article 13 de
la loi.

3° Les décisions disciplinaires prononcées par l'autorité judiciaire ou par l'autorité administrative,
lorsqu'elles entraînent ou édictent des incapacités,
sont aussi mentionnées au bulletin n° 1.

« Les condamnations pour crimes ou délits ne
sont pas les seules décisions dont il soit nécessaire de
conserver la trace, — disait M. Godin dans son rapport au Sénat, à la séance du 10 mars 1898. — Il est
des décisions administratives ou civiles qui entraînent des incapacités. Ces décisions, il est indispensable, dans un intérêt public, d'en connaître l'existence. Un individu, par exemple, est tombé en
faillite. Il est atteint dans sa capacité civile et dans
ses droits politiques. Il est donc indispensable que
cette décision soit conservée comme une condamnation proprement dite.

« L'article 1 vise en outre, et pour le même motif,
les décisions disciplinaires prononcées par l'autorité
judiciaire ou administrative. Exemple : la révocation
d'un officier ministériel. »

De ce passage du rapport de l'honorable M. Godin
et du texte même de la loi, il est facile de conclure.
Le législateur a voulu simplement qu'on indiquât,
sur le bulletin n° 1, les décisions disciplinaires de
l'autorité administrative ou judiciaire entraînant des
incapacités civiles ou politiques. Seule donc, une décision de ce genre devra être inscrite au bulletin n° 1.

On peut se demander, et avec raison, pourquoi
cette distinction entre les peines disciplinaires entraînant ou n'entraînant pas une incapacité civile ou politique. Cette anomalie frappe d'autant plus qu'il
n'existe rien de pareil pour les délits et que l'article 1, § 1, prescrit expressément de porter au bulletin
n° 1 toute condamnation encourue à la suite d'un délit. Il est difficile d'en donner la raison. Les manque-
ments graves d'officiers ministériels qui, fréquemment, deviennent candidats à des postes dans la magistrature et dont le passé, à ce titre, devrait être
soigneusement examiné ont, en effet, une plus grande
importance à être mentionnés au casier que certains
délits sans gravité.

Il est facile de déterminer les décisions disciplinaires émanées de l'autorité judiciaire. Ce sont celles
qui visent les officiers ministériels, c'est-à-dire les
notaires, avoués, huissiers, commissaires-priseurs.

Pour eux une seule décision, la destitution résultant d'un jugement ou arrêt entraîne des incapacités civiles ou politiques (1). Par suite, on ne devra pas établir de bulletin n° 1, pour constater les mesures disciplinaires prises par leur chambre de discipline. Ce ne sont pas, en effet, des actes de l'autorité judiciaire.

Mais, le législateur aurait peut-être bien fait de préciser quelles sont les autorités administratives dont les décisions doivent être consignées au bulletin n° 1. La loi et le décret gardent le silence sur ce point. La circulaire a bien prévu cette question dans son § 10, mais elle se borne à renvoyer aux précédentes instructions ministérielles du 8 décembre 1868, § 11, du 30 novembre 1827, § 10, et du 15 décembre 1888. La question n'en reste pas moins pendante. A notre avis, il faudrait établir des bulletins n° 1 pour toute décision portant interdiction perpétuelle ou temporaire de porter la croix de la Légion d'honneur, la médaille militaire ou autres décorations commémoratives (2). Ces interdictions sont, en effet, de véritables déchéances ; tout individu y contrevenant étant passible des peines édictées par l'article 269 du Code pénal, ceci aux termes des décrets des 24 novembre 1852, 26 février 1858 et 24 octobre 1859. Mais ce n'est là qu'un exemple, et l'incertitude reste la même pour les autres décisions prononcées par des juridictions administratives. Le plus simple sera

---

(1) Circ. du 15 déc. 1879, n° 8. — Fuzier-Hermann, *Rép. gén. alph. du droit français*, au mot *Élections*, n° 230.

(2) Circ., Ch., 30 nov. 1872, § 10 ; 10 avril 1886, 15 déc. 1888.

donc, en cas de contestation, de porter le différend devant les tribunaux qui statueront suivant la procédure prévue par l'article 14 de la loi. Ceux-ci décideront si la décision administrative incriminée entraîne une déchéance et doit, de ce fait, être portée au bulletin n° 1 (1).

4° De même sont mentionnés au bulletin n° 1 les jugements déclaratifs de faillite ou de liquidation judiciaire.

Ces jugements, qui entraînent de nombreuses incapacités, devront donc être mentionnés sur le bulletin n° 1.

Cependant, lors de la première délibération, le Sénat n'avait pas paru disposé à voter ce paragraphe, en ce qui concerne les liquidations judiciaires. Ce n'est qu'à la seconde délibération qu'il adopta cette disposition. Les Ministères de la guerre et de la marine firent en effet observer, que dès qu'un officier de réserve tombe en liquidation judiciaire, il était immédiatement relevé de son grade. D'ailleurs l'article 21 de la loi du 4 mars 1889 donnait un appui particulier à cette théorie. Nous voyons dans cette loi une disposition édictant contre le débiteur, une incapacité absolue d'être nommé à toute fonction élective dès le jour de l'ouverture de sa liquidation judiciaire.

5° Seront également portés sur le bulletin n° 1 les arrêtés d'expulsion pris contre les étrangers.

_____

(1) V. *Journ. des Parquets*, 1ʳᵉ partie, an. 1899, p. 108 : Com. de la loi du 3 août 1899, par Le Poittevin.

6° Enfin l'article 2 de la loi ordonne de faire mention sur les bulletins n° 1 des grâces, commutations ou réductions de peine, des décisions qui suspendent l'exécution d'une première condamnation, des arrêtés de mise en liberté conditionnelle et de révocation, des réhabilitations et des jugements relevant de la relégation (conformément à l'art. 16 de la loi du 27 mai 1885) et des décisions qui rapportent les arrêtés d'expulsion, ainsi que la date de l'expiration de la peine et du paiement de l'amende.

L'article 7 du décret prévoit la manière dont sera avisé le greffier du lieu d'origine ou l'agent chargé du service du casier central de ces différentes décisions.

Telles sont les nombreuses et diverses mentions devant être portées au bulletin n° 1.

On se demande, après les avoir examinées, comment feront les greffiers et les agents chargés de rédiger ces bulletins. Il est certain que, malgré la surveillance minutieuse exercée par le procureur de la République, des erreurs multiples se glisseront forcément dans cette rédaction.

7° Tout bulletin doit être daté et signé par le greffier qui apposera en marge le sceau du Tribunal, puis il sera ensuite visé par le procureur de la République et le Procureur général.

CHAPITRE III

Délai dans lequel doit être rédigé
le Bulletin n° 1.

Le danger d'erreurs que nous signalions à la fin du précédent chapitre ne pouvait manquer d'attirer l'attention du Garde des Sceaux, c'est pourquoi dans sa circulaire du 15 décembre « en raison, dit-il, des mentions multiples que doivent porter les bulletins n° 1 et des droits que confère aux intéressés l'expiration de certains délais à partir de l'exécution des peines, il importe plus que jamais à la bonne administration de la justice que le casier soit régulièrement tenu à jour et que les bulletins n° 1 n'y parviennent pas, comme il arrive trop souvent, longtemps après que la condamnation est devenue définitive. »

Cette question des délais dans lesquels doivent être rédigés les bulletins n° 1 avait été complètement laissée de côté par le législateur de 1899. La loi n'en parle pas. Le décret du 12 novembre est venu combler cet oubli dans son article 4. Le bulletin n° 1, lisons-nous à cet article, doit être dressé par le greffier de la juridiction qui a statué dans la quinzaine du jour où la condamnation est devenue définitive.

Ce délai de quinzaine court pour les décisions par

défaut émanant de juridictions correctionnelles du jour où elles ne sont plus susceptibles d'appel ou de pourvoi en cassation. Peu importe qu'elles puissent encore être attaquées par la voie de l'opposition. L'article 187, § 3, du Code d'instruction criminelle pose en effet comme principe, que si la signification du jugement n'a pas été faite à personne, ou s'il ne résulte pas d'acte d'exécution du jugement que le prévenu en a eu connaissance, l'opposition est recevable jusqu'à l'expiration des délais de la peine. Cette disposition empêchait le greffier de dresser le bulletin n° 1 pendant cinq ans à dater de la signification du jugement. Antérieurement et malgré la disposition finale de l'article 187 précité, les circulaires de la Chancellerie prescrivaient d'établir le bulletin n° 1 cinq jours après la signification du jugement, sauf à le détruire plus tard si dans les cinq ans intervenait une opposition suivie d'acquittement ou réformant la décision attaquée.

Désormais, ce bulletin pourra être établi quinze jours après l'expiration du délai d'appel. L'article 203 du Code d'instruction criminelle fixant les délais d'appel à 10 jours après la signification du jugement faite à personne ou à domicile, tout dépendra pour l'établissement du bulletin n° 1, de la célérité mise par les parquets à faire la signification.

Les délais de pourvoi en cassation pour les arrêts correctionnels ou criminels et les jugements correctionnels en dernier ressort étant de trois jours francs après celui où la décision est intervenue (art. 373,

216 et 177 du Code d'instruction criminelle), le bulle-tin n° 1 ne pourra être dressé au minimum qu'après 18 jours.

Enfin, pour les arrêts par contumace, le délai de quinzaine doit être compté du jour de l'arrêt (art. 4 *in fine*).

C'est également dans le même délai de quinzaine — compté du jour où la décision est définitive — que doivent être dressés : 1° les bulletins n° 1 constatant une déclaration de faillite ou de liquidation judiciaire. Les délais des voies de recours contre ces jugements sont indiqués aux articles 580 et 582 du Code de commerce et à l'article 4 de la loi du 4 mars 1889 ; 2° les bulletins n° 1 constatant une condamnation prononcée par un Tribunal militaire ou maritime. Ces décisions sont définitives d'après les articles 143 de la loi du 9 juin 1857 et 173 de la loi du 15 juin 1858.

Quant aux bulletins n° 1 constatant une décision disciplinaire de l'autorité administrative, ils sont dressés par le greffier du lieu d'origine ou par le service du casier central dès la réception de l'avis qui est donné dans le plus bref délai au procureur de la République ou au Ministre de la justice par l'autorité qui a prononcé la décision (art. 5 du décret).

Le Garde des Sceaux, dans sa circulaire du 15 décembre, n° 12, prescrit que les délais indiqués par l'article 4 du règlement sont des délais maxima qui ne devront jamais être dépassés.

CHAPITRE IV

Destination du Bulletin n° 1.
Ses duplicata.

Le bulletin n° 1 ne peut être délivré à aucune personne. Il est exclusivement destiné au casier judiciaire du lieu de naissance ou au casier central. — casier judiciaire du lieu de naissance si, ce dernier étant connu, le condamné est né en France ; casier central, si le condamné est étranger ou si, étant Français, son lieu d'origine est inconnu.

Ainsi donc le greffier de la juridiction qui a statué, dans les quinze jours qui suivent une décision devenue définitive, devra donner au bulletin n° 1, après avoir observé les formalités de la loi, l'une ou l'autre de ces destinations.

Cependant, dans certains cas, le législateur veut que des duplicata du bulletin n° 1 soient rédigés, et en même temps il légalise une pratique suivie depuis longtemps. Nous voulons parler des casiers spéciaux créés par différentes circulaires. Ces casiers sont au nombre de trois. Nous ne parlerons pas du casier de l'ivresse, institué par une circulaire du 23 février 1874 pour assurer l'application de la loi du 23 février 1873 et qui ne regarde qu'une seule infraction, l'ivresse.

SECTION Iʳ

Casier électoral.

Nous savons que certaines condamnations comportent privation de droits politiques, en particulier de ceux de vote et d'éligibilité. Il était de toute nécessité que ces décisions parviennent à la connaissance de l'administration chargée de la confection des listes électorales. C'est dans ce but qu'a été créé le casier électoral.

Déjà en 1849, par sa circulaire du 29 décembre, le Garde des Sceaux avait prescrit aux chefs des parquets de faire connaître à l'autorité administrative les jugements entraînant suppression ou privation des droits électoraux. Cette mesure était insuffisante et en 1874, par sa circulaire du 24 août, le ministre de l'intérieur créait le casier électoral. Ce casier est constitué exclusivement à l'aide de duplicata de tous les bulletins n⁰ 1 constatant une condamnation privative du droit de vote.

La nouvelle loi a suivi sur ce point les anciennes pratiques, sauf en ce qui concerne le lieu de localisation des duplicata.

Ces duplicata sont transmis par l'intermédiaire des parquets aux sous-préfectures des lieux du domicile des condamnés. Là, ils sont classés par ordre alphabétique et consultés seulement pour la révision des listes électorales.

L'article 5, § 2, de la loi a ainsi modifié la pratique antérieure. Autrefois, en effet, les duplicata étaient expédiés à la sous-préfecture du lieu de naissance du condamné. La réforme opérée par la loi présente un danger. Il peut se faire que le lieu de naissance, bien qu'étant connu, on ignore le domicile. Dans ce cas, le greffier ne pourra pas envoyer le duplicata prévu par la loi. C'est pourquoi le projet déposé par le gouvernement, tendant à modifier la loi de 1899, demande que l'autorité administrative après avoir, à l'aide des duplicata des bulletins n° 1 prévus par l'article 5, rectifié la liste électorale, envoie ces duplicata à la sous-préfecture du lieu d'origine du condamné, où serait maintenu, comme par le passé, le casier électoral.

SECTION II

Casier du recrutement et Casier de la marine.

Ces deux casiers ayant le même but, renseigner les autorités militaires ou maritimes sur les antécédents des jeunes soldats et marins, nous les étudierons ensemble.

Le premier a été institué par une circulaire du 19 février 1874, puis remanié et réglementé par celle du 11 avril 1891. — Il est établi aux bureaux de recrutement.

Le second, créé par la circulaire du 14 août 1876, fonctionne au commissariat de l'inscription maritime de la localité la plus proche de celle du condamné.

Sur ces deux points, la loi n'a pas innové; comme
par le passé, les autorités militaires ou maritimes
doivent être avisées par l'envoi d'un diplicata de toute
condamnation (dans le sens précité par l'article 1, § 1,
de la loi), faillite, liquidation judiciaire, destitution
d'un officier ministériel, prononcée contre un individu soumis au service militaire ou maritime.

SECTION III

Échange de duplicata avec les pays étrangers.

Enfin, dans certains cas, le greffier doit établir des duplicata du bulletin n° 1 destinés aux casiers judiciaires
étrangers. L'utilité d'un échange réciproque d'informations judiciaires entre tous les États civilisés, quant
aux condamnations subies par les nationaux d'un
État dans un autre, est reconnue par tout le monde.
Cependant la réalisation de cette idée rencontre de
grandes difficultés. La plus grande provient de la
diversité des systèmes d'informations établis dans les
différents pays. Ces systèmes dérivent presque tous
de celui de M. Bonneville de Marsangy. mais la plupart en diffèrent beaucoup.

Cette question, soulevée au congrès pénitentiaire
de Rome (1), ne put être résolue. Signalons toutefois l'idée émise par M. le comte de Foresta, au sein

---

(1) *Bulletin de la Soc. gén. des Prisons*, an. 1887, p. 272.

de la troisième section du congrès, de faire pour le service international des casiers judiciaires, ce qu'on a fait pour les postes et télégraphes. M. Kircheleine précisait cette idée en émettant l'avis « de remplacer le grand nombre des traités existants par un traité universel, peut-être sur le modèle de l'union postale universelle. De plus, continuait-il, on pourrait créer un bureau central des casiers judiciaires à l'instar de ce qu'on a fait dans l'union postale ».

Cette proposition, qu'on serait heureux de voir mettre en pratique, n'a pas encore prévalu. Pourtant l'échange des bulletins se fait d'une manière régulière entre la France et l'Autriche-Hongrie, la Bavière, le grand-duché de Bade, la Belgique, l'Italie, le Luxembourg, le Pérou, le Portugal, la Suisse et l'Alsace-Lorraine.

Dans la plupart des cas, cet échange a été établi à la suite d'une simple entente entre les deux gouvernements, par exemple, pour l'Autriche-Hongrie et la Bavière. Mais quelquefois des traités sont intervenus, ainsi pour l'Alsace-Lorraine, le Pérou et le grand-duché de Luxembourg.

Cet échange se fait par l'intermédiaire de la Chancellerie à qui les parquets ont transmis les duplicata.

CHAPITRE V

Prix et mode de paiement des Bulletins n° 1 et duplicata du Bulletin n° 1.

Il est naturel que le greffier reçoive une gratification pour le travail que lui impose la rédaction de ces bulletins. Autrefois, sous le régime des circulaires, les greffiers percevaient une somme de 0 fr. 25 par bulletin n° 1. Le décret du 12 novembre leur a alloué 0 fr. 40.

Cette augmentation dans le prix du bulletin n° 1, se trouve justifiée par le surcroît de travail occasionné aux greffiers par la législation nouvelle. Il est même probable qu'elle leur paraisse insuffisante.

Les duplicata des bulletins n° 1 sont payés 0 fr. 15.

Ces sommes sont prélevées sur les crédits affectés aux frais de justice criminelle. Le prix de ces bulletins est compris parmi les frais à recouvrer sur les condamnés.

Le mode de paiement est toujours le même que celui indiqué par les anciennes circulaires. Cependant, pour les bulletins n° 1 et leurs duplicata rédigés par les greffiers des juridictions militaires et maritimes, le règlement d'administration publique du

12 novembre (art. 13, § 2), donne une nouvelle marche à suivre. Dorénavant, ils seront payés sur ordonnance émise par le Garde des Sceaux, après envoi d'un état récapitulatif adressé au département de la justice et certifié par les Ministres de la guerre et de la marine.

CHAPITRE VI

Élimination des Bulletins n° 1.

Il était à craindre que l'encombrement qui avait signalé les vices d'organisation des registres tenus par la Préfecture de police ne se renouvelât avec le système de M. Bonneville. Pour l'éviter, on avait, dès le début, prescrit d'extraire des casiers les bulletins des individus décédés. C'était là un travail considérable auquel les greffiers ne purent bientôt suffire. Ce mode d'élimination tomba vite en désuétude. Le Garde des Sceaux, par sa circulaire du 8 décembre 1868, § 20, prescrivit d'extraire des casiers. tous les dix ans. les bulletins des individus âgés de 90 ans.

C'est cette méthode qui est encore suivie actuellement. Cependant, la loi nouvelle (art. 2) indique qu'il faut retirer des casiers judiciaires les bulletins n° 1 relatifs à des condamnations effacées par une amnistie ou réformées en conformité d'une décision de rectification. C'est là une sage mesure et dont l'exécution sera facile, des bulletins n° 1 devant être rédigés pour toute amnistie, réhabilitation ou réformation d'une condamnation.

TITRE II

BULLETIN N° 2

CHAPITRE PREMIER

Rédaction, énonciations des Bulletins n° 2

La dénomination bulletin n° 2 a désormais un sens différent et plus restreint que par le passé. Cette expression ne désigne plus d'une façon générale tout relevé intégral du bulletin n° 1, mais seulement l'extrait destiné aux magistrats du parquet et de l'instruction, aux administrations publiques de l'État saisies de demandes d'emplois publics — en vertu de poursuites disciplinaires ou de l'ouverture d'une école privée, conformément à la loi du 30 octobre 1886 — et enfin. aux administrations publiques de l'État. pour l'exercice des droits politiques.

Les bulletins n° 2 sont rédigés par les greffiers des tribunaux d'arrondissement ou par les employés préposés au service du casier central. Ils doivent être établis conformément au modèle imposé par l'article 14 du décret. Ils portent des mentions analogues à celles des bulletins n° 1.

En tête, à gauche du bulletin n° 2, se trouve la désignation du tribunal qui le délivre, puis viennent, après la mention « bulletin n° 2 », « Relevé des bulletins n° 1 concernant », les noms, prénoms du condamné, ceux de ses père et mère, enfin la date et le lieu de naissance. Le greffier inscrit à la suite, d'après le dernier bulletin n° 1, le domicile, l'état-civil, celui de la famille, la profession, la nationalité du justiciable dont il rédige le bulletin.

Cet extrait est le relevé intégral de toutes les mentions portées aux bulletins n° 1 et prescrites par les articles 1 et 2 de la loi. Le bulletin n° 2 constate donc la date des condamnations, les juridictions qui ont statué, la nature des crimes ou délits, leur date, la nature et la durée des peines, la date du mandat de dépôt. Enfin, dans une dernière colonne, on indique les différents événements qui ont pu modifier la situation du condamné. Si l'individu titulaire du bulletin n° 2 n'a jamais été condamné ou s'il s'agit d'extraits destinés aux administrations publiques de l'État pour l'exercice des droits politiques et ne contenant pas de décision entraînant privation de droits politiques, l'extrait du casier porte en grosses lettres le mot « néant » à la place réservée aux condamnations.

Enfin, le bulletin est daté et signé par le greffier qui y appose le timbre du Tribunal. Il est ensuite visé par le Procureur de la République.

Le bulletin n° 2. avons-nous dit. contient le relevé intégral du bulletin n° 1. Il y a cependant une exception au principe contenue à l'article 2, § 2, de la loi : « Les bulletins réclamés par les administrations publiques de l'État *pour l'exercice des droits politiques* ne comprennent que les décisions entraînant des incapacités prévues par les lois relatives à l'exercice des droits politiques. » C'est la seule exception. Il eût été à souhaiter que le législateur eût adopté le projet primitif de l'article 4. Dans ce projet, deux autres exceptions à la règle étaient prévues. Les bulletins n° 2, réclamés par les autorités administratives, ne devaient pas mentionner les condamnations prononcées par application de l'article 66 du Code pénal. De même ceux délivrés aux autorités militaires ou maritimes ne comprenaient que les décisions visées par les lois militaires ou maritimes.

Les décisions rendues par application de l'article 66 du Code pénal ne sont pas, en effet, des condamnations. Le mineur de 16 ans qui en bénéficie est acquitté ; mais, par mesure de prudence. on l'envoie dans une maison de correction pour réformer des habitudes mauvaises ou des prédispositions au vice.

Quant aux bulletins n° 2, destinés aux autorités militaires ou maritimes, il est regrettable que le législateur n'ait pas adopté le projet de l'article 4. Souvent, en effet, à la vue de ce bulletin, le bureau de recrutement n'acceptera pas, dans les régiments tenant garnison en France, l'ancien condamné qui voudra contracter un engagement. Des condamnations n'entraînant aucune incapacité sont ainsi portées à la connaissance d'administrations publiques de l'État qui, pourtant, n'ont pas plus d'intérêt à les connaître que les particuliers contractant avec ces individus.

Il est vrai que les règlements propres à l'armée de terre permettent d'accepter l'engagement de jeunes gens ayant bénéficié des dispositions de l'article 66 du Code pénal, mais il n'en est pas de même de ceux de l'armée de mer. Ces derniers exigent un casier judiciaire vierge. On arrive ainsi, avec la loi nouvelle et la pratique suivie depuis la circulaire de la Chancellerie du 23 octobre 1899, à ce résultat que les meilleurs sujets des colonies pénitentiaires et les enfants, qui après un délit sans importance ont été remis à leurs parents, se voient privés de la faculté de choisir leur arme le jour où ils veulent contracter un engagement volontaire.

Sur ce dernier point, une réforme s'impose. Elle pourrait trouver place dans le projet déposé par le gouvernement le 4 décembre 1899.

CHAPITRE II

Destination du Bulletin n° 2.

Le bulletin n° 2 est réclamé au greffe du Tribunal de l'arrondissement ou au casier central par lettre ou télégramme précisant l'état civil et énonçant le motif de la demande. Il ne peut être délivré qu'à une certaine catégorie de personnes limitativement déterminée par la loi. Ce sont : 1° les magistrats des parquets et de l'instruction ; 2° les autorités militaires ou maritimes pour les appelés des classes ou de l'inscription maritime, et pour les jeunes gens qui demandent à contracter un engagement ; 3° les administrations publiques de l'État, saisies de demandes d'emploi ou en vue de poursuites disciplinaires ou de l'ouverture d'une école privée, ou pour l'exercice des droits politiques.

Les administrations publiques saisies de demandes d'emploi public ont qualité pour obtenir la délivrance du bulletin n° 2. La circulaire du 15 décembre estime que par ces mots : « demande d'emploi », il faut entendre non seulement les candidatures à une fonction de l'État proprement dite, telle que la magistrature, par exemple, mais encore aux fonctions qui touchent au maintien de l'ordre public, comme celles de

gardes champêtres, gardes particuliers, agents de
surveillance des chemins de fer, préposés d'octroi,
agents de police.

En fait, autrefois, contrairement à l'affirmation
produite à la tribune du Sénat par M. Godin (*Journal
Officiel* du 8 mars, p. 242), c'était le sollicitant qui
produisait l'extrait de son casier judiciaire. La circulaire a opéré une réforme utile en en mettant la
charge à l'administration sollicitée. Avec la loi nouvelle, en effet, le candidat n'eût pu joindre à sa demande que l'extrait du casier judiciaire porté sur son
bulletin n° 3. Mais ce bulletin n° 3 ne faisant pas
mention de certaines condamnations, il eût pu se
produire ce fait qu'avec un bulletin n° 3 vierge, le
candidat fût absolument indigne de l'emploi demandé.

Il suffit, pour montrer combien le système de la
loi eût été dangereux, si la pratique ancienne eût
continué d'être suivie, de citer en exemple ce qui se
fût passé journellement pour l'agrément des gardes
particuliers. Le candidat eût remis à l'autorité admi-
ministrative la commission qui l'instituait et un extrait n° 3 de son casier judiciaire. Or ce futur garde
est peut-être un braconnier dangereux. Il a peut-être
subi plusieurs condamnations à l'amende pour chasse
avec engins prohibés et en temps prohibé. Il a peut-être
été condamné à l'emprisonnement pour outrage à la
gendarmerie. Il a subi sa peine, il a payé l'amende.
Eh bien ! cinq ans après, il aurait un bulletin n° 3
négatif, et c'est sur la vue de cette pièce que l'autorité aurait donné son agrément.

La circulaire a donc fait une sage prescription en spécifiant que les administrations elles-mêmes se procurent elles-mêmes les renseignements utiles sur les antécédents judiciaires des candidats aux fonctions publiques.

Il est encore un point, cependant, que ni la loi, ni le décret n'ont prévu.

L'article 4 prescrit de délivrer un bulletin n° 2 aux administrations agissant en vue de poursuites disciplinaires. Mais il n'a rien dit en ce qui concerne les administrations publiques investies du droit de poursuites devant les tribunaux répressifs, comme par exemple en matière de régie, douane, forêts.

Il ne nous semble cependant pas douteux que ces administrations ont le plus grand intérêt à connaître les antécédents des inculpés ; de même le Tribunal, ne serait-ce que pour appliquer, le cas échéant, la peine de la récidive, doit connaître ces antécédents.

Le ministère public, il est vrai, peut toujours demander le bulletin n° 2, mais, en fait, il lui est souvent impossible de se le procurer en temps utile, car il ne connaît pas, avant l'audience, l'état civil du prévenu ; et même en matière forestière, c'est l'inspecteur qui vient à l'audience.

Le plus simple, à notre avis, serait donc de prescrire à toutes les administrations publiques exerçant des poursuites devant les tribunaux répressifs, de joindre à leur procédure un bulletin n° 2, dont les frais seraient à leur charge, comme pour tous les autres frais de procédure.

L'article 4 présente incontestablement un caractère limitatif. La circulaire en tire cette conséquence, que les Sociétés de patronage n'ont pas le droit de se faire délivrer des bulletins n° 2.

Par ce fait, sont considérées comme abrogées, notamment les circulaires des 24 février 1884, 15 décembre 1895, 31 décembre 1896, et aussi celle du 6 décembre 1876, § 27, qui permettait aux préfets et aux maires de réclamer les bulletins n° 2 relatifs aux candidats qui sollicitaient leur admission dans une Société de secours mutuels.

Les Sociétés de patronage se sont émues. Cette réforme leur empêche de connaître la moralité de leurs protégés. C'est M. Maurice, président du tribunal de Tours, à l'assemblée générale de « l'Union des Sociétés de patronage de France », qui le premier signala les inconvénients de ce système. Avec raison, ce magistrat distingué, bien placé pour apprécier le fonctionnement des Sociétés de patronage, puisqu'il a créé à Tours une œuvre de ce genre des plus florissantes, a critiqué vivement cette réforme, qui met dans l'impossibilité de constater le relèvement moral des condamnés. C'est pourquoi l'assemblée générale, sachant que le Garde des Sceaux avait déposé un projet modificatif de la loi du 5 août 1899, a-t-elle émis le vœu que « les Sociétés de patronage puissent demander, moyennant la rémunération de 0 fr. 25 au greffier le bulletin n° 2 des individus patronnés ; de plus, quand il s'agira d'un engagement d'un jeune homme envoyé dans une maison de correc-

CHAPITRE III

Prix et mode de paiement du Bulletin n° 2.

Le prix du bulletin n° 2 est fixé, par l'article 12 du décret, de la manière suivante :

« Bulletin n° 2 réclamé par les magistrats du parquet et de l'instruction, par les autorités militaires ou maritimes pour les jeunes gens qui demandent à contracter un engagement volontaire ou par les administrations publiques de l'État .... 0 fr. 25.

« Bulletin n° 2 réclamé pour l'exercice des droits politiques :

« S'il est affirmatif .... 0 fr. 25.

« S'il est négatif .... 0 fr. 15.

« Bulletin n° 2 réclamé par les autorités militaires ou maritimes pour les appelés des classes et de l'inscription maritime :

« S'il est affirmatif .... 0 fr. 15.

« La mention *néant* mise en regard des noms portés sur les états transmis par les mêmes autorités, donnera lieu au paiement d'un droit de recherche de 0 fr. 05 ».

Ce même décret (art. 13, § 3), ajoute que les frais de délivrance de ces bulletins n° 2 sont payés par les administrations demanderesses. Sur ce dernier point,

tion, que la mention de ce renvoi ne soit pas faite
sur le bulletin n° 2, fût-il même demandé par le recrutement ». La dernière partie de ce vœu fut faite
grâce à l'initiative de M. Albert Rivière. M. Albert
Rivière avait attiré, en effet, l'attention de ses collègues sur ce qu'autrefois, les décisions rendues par
application de l'article 66 du Code pénal, n'étaient
pas, comme aujourd'hui, mentionnées au bulletin
n° 2 ; cette révélation produisait souvent une im-
pression très fâcheuse sur les bureaux de recrutement.

D'autre part, le Garde des Sceaux, dans son projet
de réforme, demande que le Préfet de police et les
Présidents des tribunaux de commerce puissent,
comme les magistrats du parquet et de l'instruction,
se procurer les bulletins n° 2.

Ce même projet fait observer « que la candidature
à une distinction honorifique ne semble pas pouvoir
être assimilée à la demande d'emploi public prévue
par l'article 4 ».

« Il n'est pas moins essentiel, ajoute-t-il, que ces
distinctions ne puissent s'égarer sur des personnes
ayant encouru certaines condamnations qui, bien
que non inscrites au bulletin n° 3, portent atteinte à
l'honneur et à la considération ».

nous croyons utile de faire remarquer, que jusqu'à ce jour, les bulletins n° 2 délivrés aux administrations publiques saisies de demandes d'emploi étaient extrêmement rares, puisque le bulletin remis par l'impétrant faisait connaître sa situation pénale exacte.

Il n'y avait donc aucun inconvénient à laisser à la charge de ces administrations le coût de la délivrance de ces bulletins. Mais, ce qui était l'exception va devenir la règle, et il ne sera pas sans inconvénient de laisser à la charge des différents ministères les frais de la délivrance de tous ces extraits, destinés à compléter le bulletin n° 3, remis par le candidat. Sur ce point, une réforme s'imposera bientôt. Toutefois, il est difficile de trouver un moyen pratique de faire supporter ces frais à l'intéressé et surtout de permettre à l'administration requérante de recouvrer cette avance sur le candidat (1).

_____

(1) V. Maulmend. *Lois nouvelles*, 1re partie, 1er avril 1900. A. 19e, n° 6.

CHAPITRE IV

Force probante des extraits du Casier judiciaire.

Le bulletin n° 2 étant le seul produit en justice pour faire connaître les antécédents des prévenus, c'est de lui qu'il s'agit lorsqu'on parle de la force probante du casier judiciaire.

Avant la loi du 5 août, la jurisprudence de la Cour de Cassation s'était fixée sur ce point d'une façon très peu nette, et à notre avis, peu juridique. Elle distinguait :

1° Si le prévenu reconnaissait par ses aveux l'exactitude du bulletin, la preuve de ses mentions était considérée comme acquise qu'il s'agisse de la récidive ordinaire prévue par l'article 56 du Code pénal, ou de la relégation prononcée en vertu de la loi du 27 mai 1885 (1).

2° Si, au contraire, il contestait la sincérité de l'extrait présenté, la Cour de cassation lui refusait toute

---

(1) En ce sens, Cass., 1er déc. 1859, *Bull. crim.*, n° 429; — 4 fév. 1860; S., 61, I, 395; D., 61, I, 93; — 19 septembre 1872; *Bull. crim.*, n° 415; — 6 mars 1874; D., *Rec. pér.*, 1874, I, 277; — 10 avril 1880; D., 1880, I, 435.

autorité. Seuls, les extraits des arrêts ou jugements ayant entraîné condamnation pouvaient servir de preuve complète. Le casier, dans ce cas, ne pouvait servir qu'à faciliter le travail de recherche de ces arrêts ou jugements (1).

3° Si dans la procédure pénale rien ne révélait ni les aveux, ni les dénégations du prévenu, le bulletin n° 2 faisait preuve suffisante de son contenu s'il s'agissait d'appliquer la récidive prévue par les articles 56 et suivants du Code pénal. Mais il ne suffisait plus, si le prévenu était passible de la rélégation spéciale de la loi du 27 mai 1885. Dans ce dernier cas, les extraits des précédents jugements ou arrêts, joints à la procédure, pouvaient seuls servir de preuve complète (2).

Telles étaient les distinctions admises par la jurisprudence de la Cour de cassation. Sont-elles juridiques? Nous ne le croyons pas. Du reste, la Cour n'essaie même pas de les justifier. Voici, en effet, ce qu'elle se borne à dire : « Attendu que si relativement à la peine de la récidive établie par les articles 56 et suivants du Code pénal, le silence du prévenu a pu être considéré comme un aveu des condamnations portées sur l'extrait de son casier judiciaire, une semblable interprétation ne saurait être admise en matière de relégation ; que la présomption

_____

(1) Cass., 21 sept. 1882 ; D., 1882, I, 488 ; — 5 mai 1887: S., 1888, I, 348.

(2) 16 mars 1889 : *Journ. des Parq.*, 1889, II, 112.

qui lui sert de fondement est inconciliable avec les
garanties spéciales dont la loi du 27 mai 1885 a
voulu entourer les individus exposés à l'application
de la peine perpétuelle qu'elle édicte ; par ces motifs
casse l'arrêt, etc. (1) ».

M. Le Poittevin, dans une savante dissertation in-
sérée au *Journal des Parquets* (2), examine cette question. La Cour de cassation, selon ce commentateur,
n'admettait pas que les énonciations contenues au
casier judiciaire pussent, par elles-mêmes, consti-
tuer une preuve suffisante, car, comme l'indique
M. le Conseiller Tanon, « l'institution du casier judiciaire, quelle que fût son importance, avait été orga-
nisée administrativement et n'avait pas reçu de sanction législative, et qu'ainsi, ces extraits ne consti-
tuaient que de simples renseignements ». Partant de
ce principe, M. Le Poittevin conclut que, depuis la
loi du 5 août, les extraits du casier sont, par eux-
mèmes, une preuve suffisante des précédentes condamnations encourues et qu'il n'est pas nécessaire,
comme autrefois, de joindre aux procédures instrui-
tes contre des récidivistes les extraits des précédentes
condamnations par eux subies.

Une seule exception au principe devrait être faite.
Avant 1890, le casier ne portait pas nécessairement

_____

(1) Cass., 15 nov. 1888 (Dal., *R. p.*, 1889, 1, p. 320). Les arrêts
des 4 février et 24 mars 1887 reproduisent textuellement le
même attendu.

(2) *Journ. des Parq.*, an. 1899, nᵒˢ 11 et 12.

la date des condamnations. C'est une circulaire du Garde des Sceaux, en date du 8 janvier 1890, qui a prescrit d'indiquer, sur le bulletin nº 1, la date exacte des condamnations. Ainsi donc, il peut arriver qu'un extrait mentionnant des jugements encourus avant 1890 ne contienne pas toutes les mentions né-cessaires pour justifier l'application de la relégation.

Sans doute, si le caractère purement administratif du casier avait été la raison pour laquelle la Cour su-prême n'admettait pas le bulletin nº 2, comme preuve suffisante de l'existence des condamnations encourues, la théorie soutenue par M. Le Poittevin serait exacte. Mais cette raison n'est pas la seule qui ait inspiré la Cour de cassation et lui ait permis de faire les distinctions que nous indiquions au début de ce chapitre. Nous lisons notamment dans un ar-rêt du 16 mars 1889 (1), au rapport de M. le Conseil-ler Sallantin : « attendu que la décision attaquée dé-clare que les deux prévenus ont reconnu comme leur étant applicables les diverses condamnations énumérées dans l'arrêt, mais que *cet aveu ne porte que sur l'existence des condamnations et non sur l'état de récidive particulière prévue par la loi du 27 mai 1885*; que si, relativement à la preuve de la récidive légale établie par les articles 56 et suivants du Code pénal, le silence du prévenu a pu être considéré comme un aveu des condamnations portées sur l'ex-trait de son casier judiciaire, lorsque cet extrait est

(1) *Journ. des Parq.*, 1889, II, 112.

visé dans l'arrêt de condamnation, une semblable interprétation ne saurait être admise en matière de relégation ; qu'en effet, la présomption qui lui sert de
fondement est inconciliable avec les garanties spéciales dont la loi du 27 mai 1885 a voulu entourer
les individus exposés à l'application de la peine perpétuelle qu'elle édicte ».

Si la théorie de M. Le Poittevin est exacte, on se
demande pourquoi la Cour fait cette distinction ;
pourquoi, dans le cas de récidive ordinaire, elle admet, comme preuve suffisante des condamnations encourues la simple production du bulletin n° 2 ; pourquoi, au contraire, cette preuve ne lui paraît plus
suffisante dans les cas de récidives spéciales prévues
par la loi du 27 mai 1885.

Avant la loi du 5 août 1899, la Cour suprême ac-
cordait une valeur relative aux mentions portées au
casier judiciaire. Doit-elle agir autrement aujour-
d'hui ? Nous ne le croyons pas. Sans doute, la reconnaissance législative du casier en a fait une institution légale dont la force probante est plus grande
que celle d'un simple document administratif. Mais
en faut-il conclure que, comme un extrait des actes
de l'état civil ou un acte notarié, le casier puisse
faire foi même contre les dénégations des prévenus ?

Tout d'abord des erreurs matérielles peuvent se
glisser dans ce document. Ces chances d'erreurs
sont même plus grandes depuis la promulgation de
la loi du 5 août 1899. Cette loi, en compliquant les
rouages de cette institution, n'a fait qu'augmenter

les chances d'erreurs et il importe, dès lors, plus que jamais, de contrôler l'existence des condamnations qui figurent au casier. C'est, du reste, ce qu'a voulu le législateur en instituant, dans l'article 14 de la loi, une procédure simple et rapide de rectification des erreurs portées au casier judiciaire.

Cependant, nous devons reconnaître que la jurisprudence a une tendance très marquée à adopter la théorie de M. Le Poittevin. C'est ainsi que la Cour de Paris (18 mai 1900) décide que le casier judiciaire étant une institution formellement reconnue et sanctionnée par la loi, le bulletin n° 2 suffit à lui seul pour faire la preuve complète de l'existence des condamnations entraînant la relégation (1).

---

(1) *Journ. des Parq.*, 1900, II, 49.

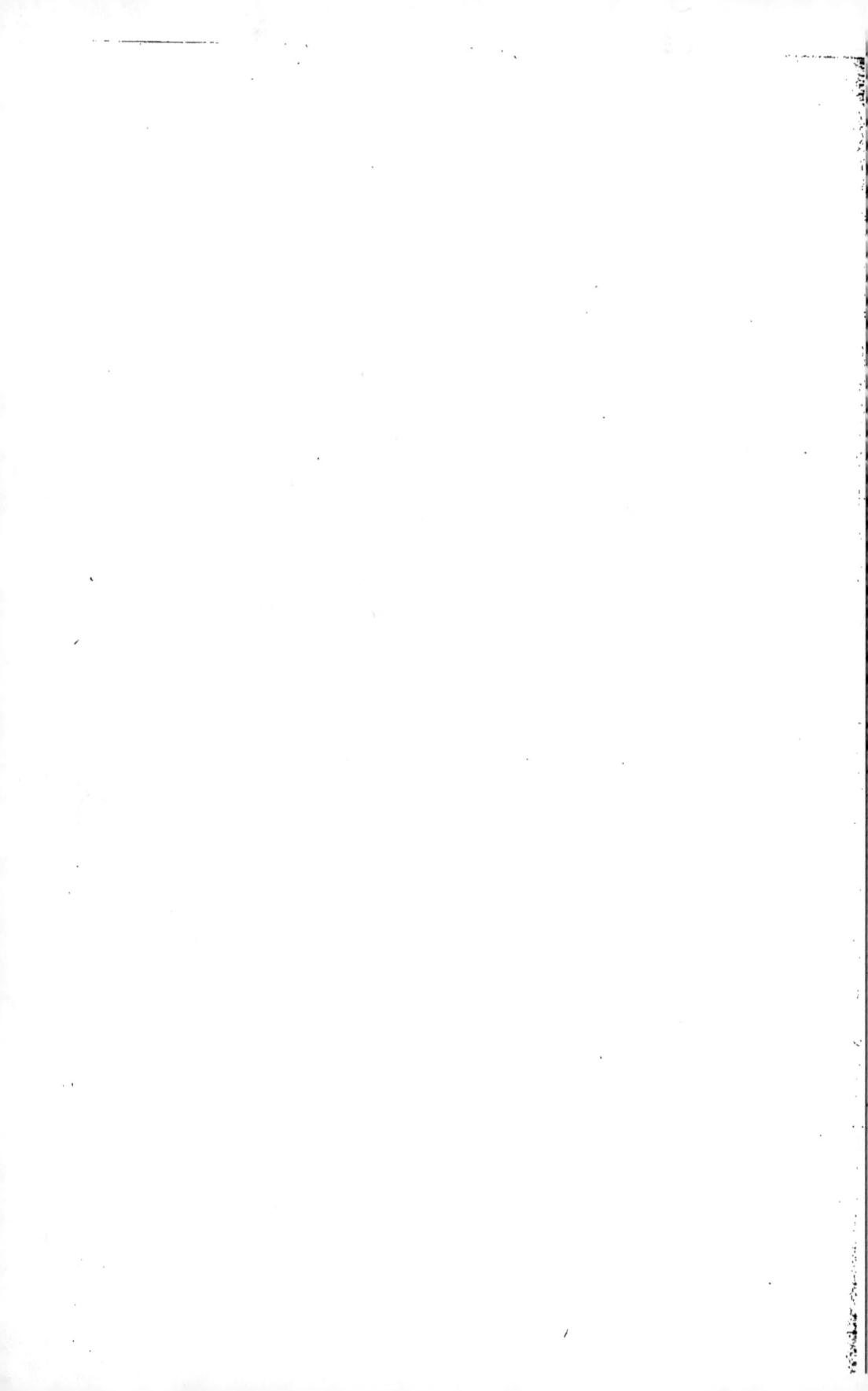

TITRE III

MESURES TENDANT A RESTREINDRE LA PUBLICITÉ DU CASIER JUDICIAIRE

CHAPITRE PREMIER

Bulletin n° 3.
Destination du Bulletin n° 3.

La création du bulletin n° 3 est l'idée maîtresse. dominante de la loi du 5 août 1899. C'est le moyen par lequel le législateur a cru pouvoir remédier à la publicité indirecte mais cependant absolue dont nous jouissions sous le régime des circulaires.

En supprimant sur le bulletin délivré aux particuliers des condamnations qu'il n'est pas utile de faire connaître, et en ordonnant la radiation de certaines condamnations au bout d'un laps de temps déterminé, les promoteurs de la réforme du casier judiciaire ont pensé remédier au mal.

Ce bulletin est un extrait du casier judiciaire. Il doit être établi conformément au modèle annexé au décret du 12 novembre. Il est rédigé sur papier gris-bleu, a le même format que le bulletin n° 2 et porte les mêmes mentions matérielles. Comme autrefois le bulletin n° 2, il ne peut être délivré qu'à la personne qu'il concerne, sur simple lettre signée de cette personne.

Ceci nous amène tout de suite, avant d'étudier les mentions que doit porter le bulletin n° 3, à examiner une question qui, dans la pratique, ne sera pas sans soulever de graves difficultés. La loi semble exclure la délivrance à l'intéressé lui-même d'un bulletin n° 2 relatant toutes les condamnations qu'il a encourues. Cependant, il peut avoir intérêt à posséder ces renseignements, par exemple, afin de rédiger sa demande de réhabilitation (art. 622 du Code d'Instruction criminelle) qui doit contenir expressément la date de toutes les condamnations.

Autre difficulté : aux termes des articles 229 et suivants du Code civil, les époux peuvent réciproquement demander le divorce pour adultère, excès, sévices et injures graves, condamnations à une peine afflictive et infamante. Comment le demandeur, obligé d'établir que son conjoint (1) a subi une condamnation, pourra-t-il faire cette preuve, s'il n'a la possibilité d'obtenir un extrait du casier judiciaire ? Sans doute, aux termes de l'article 853 du Code de procédure civile, il aura la faculté de se faire délivrer par le greffier une expédition ou une copie du

---

(1) La circ. du 4 déc. 1884, § 7, avait prévu ce cas.

jugement. Mais souvent il ignorera la date, le Tribunal et même il pourra ne pas connaître l'existence de sa condamnation.

De même, aux termes de l'article 35 de la loi du 29 juillet 1881 sur la presse, le prévenu de diffamation envers un fonctionnaire public à l'occasion de ses fonctions doit être acquitté s'il fournit la preuve de ses allégations.

Ainsi donc, un journaliste est poursuivi pour avoir écrit que tel fonctionnaire a été condamné, par exemple, pour détournement de fonds publics. Il pourrait facilement en faire la preuve s'il avait le lieu et la date du jugement. Mais il ne l'a pas. Pourra-t-il demander au Ministère public de produire un extrait du casier judiciaire du fonctionnaire incriminé? Nous ne le croyons pas. Le Parquet ne pourrait, à notre avis, intervenir qu'en produisant à l'audience le bulletin n° 2 du fonctionnaire et encore, ne pourrait-il le faire que sur le désir formel du Tribunal.

L'intéressé seul pouvant réclamer son bulletin n° 3, le décret en a fixé le prix d'une façon uniforme. Ce prix est de 1 franc qui se décompose ainsi : 0,50 comme droit de recherche, 0,25 comme droit de rédaction et 0,25 pour inscription au répertoire. C'est le demandeur qui supporte ces frais. Il est, du reste, maître de faire connaître, s'il le juge convenable, ses antécédents judiciaires, et, à cet égard, la loi et le règlement d'administration publique ont pris les précautions nécessaires pour éviter toute indiscrétion ou toute fraude.

7

La loi, article 11, punit en effet d'une peine d'un mois à un an de prison celui qui, en prenant un faux nom ou une fausse qualité, se fait délivrer le bulletin n° 1 d'un tiers.

D'autre part, le décret détermine les formes de la demande du bulletin n° 3. Le greffier ne peut délivrer ce bulletin qu'à la demande expresse faite par lettre de l'intéressé. Il suffit que la lettre soit signée du demandeur ou, s'il ne sait signer, que cette impossibilité soit constatée par le commissaire de police ou par le maire qui attestera en même temps que cette demande est faite sur l'initiative de l'intéressé lui-même.

Il n'est pas nécessaire que la signature soit légalisée, cette formalité pouvant entraîner des lenteurs dans la délivrance du bulletin, ce qu'a voulu éviter le législateur.

S'il n'existe pas de bulletin n° 1 ou si les condamnations constatées au bulletin n° 1 ne doivent pas être portées au bulletin n° 3, le greffier l'oblitère simplement par une barre transversale. La formule « néant » établie pour le bulletin n° 2 pouvant dans ce cas être manifestement contraire à la vérité.

Ceci posé, l'étude du bulletin n° 3 nous conduit à examiner trois questions :

1° Condamnations qui dès le principe ne seront jamais mentionnées au bulletin n° 3;

2° Condamnations qui ne seront pas ou qui, étant mentionnées au bulletin n° 3, cesseront d'y être portées après l'expiration de délais déterminés. sauf à y être inscrites en cas de condamnations ultérieures à une peine corporelle ;

3° Condamnations subies, qui, après certains délais, ne pourront plus être portées au bulletin n° 3 et seront effacées sur les bulletins 1 et 2 (réhabilitation de droit, art. 10 de la loi).

Ces trois groupes de dispositions concourent au même but voulu par le législateur : restreindre la publicité du casier judiciaire.

CHAPITRE II

Condamnations qui dès le principe ne sont jamais portées au Bulletin n° 3.

Ces condamnations qui ne seront jamais portées au bulletin n° 3 sont au nombre de quatre, ce sont :

1° Les décisions prononcées par application de l'article 66, c'est-à-dire l'acquittement ou le renvoi dans une maison de correction du mineur de 16 ans (cir. Ch., 15 déc. 1899, § 36-2°).

Sur ce point, le législateur n'a fait que consacrer l'ancienne pratique. Autrefois, en effet, ces décisions ne pouvaient être mentionnées que sur les bulletins n° 2 spécialement destinés au ministère public et, pour ce motif, le Garde des Sceaux avait prescrit que ces bulletins seraient rédigés sur papier rouge, ceci afin d'attirer l'attention des greffiers ;

2° Les condamnations effacées par la réhabilitation résultant des articles 619 et suivants du Code d'instruction criminelle et l'article 10 de la loi nouvelle ; de même celles de l'article 4 de la loi du 26 mars 1891.

Sur ces deux premiers points, aucune difficulté ;

3° Les condamnations prononcées en pays étrangers pour des faits non prévus par les lois pénales françaises.

Cette disposition de l'article 7, § 3, n'est pas sans présenter de sérieuses difficultés, car les bulletins de condamnations prononcées en pays étrangers renferment presque toujours une qualification très inexacte des faits et emploient également une terminologie telle qu'il sera souvent impossible de savoir si le fait ayant motivé la condamnation est prévu par la loi française. C'est pourquoi le Garde des Sceaux, dans sa circulaire du 15 décembre, recommandait au ministère public de le consulter dès qu'une difficulté de ce genre pourrait se présenter, afin qu'il pût provoquer par voie diplomatique des renseignements complémentaires;

4° Les condamnations pour délits prévus par les lois sur la presse, à l'exception de certaines décisions judiciaires prononcées en vertu de la loi du 29 juillet 1881.

Ces exceptions sont au nombre de trois. Ce sont les condamnations encourues par application de l'article 23 de la loi précitée, pour provocation à des délits par des cris, menaces ou discours proférés dans des lieux publics ou par écrits, placards et affiches; celles prononcées en vertu de l'article 24 de la même loi pour cris et chants séditieux en public; enfin les condamnations encourues par application de l'article 25 de la même loi pour provocation à des militaires dans le but de les détourner de leurs devoirs.

Pour ces quatre premières catégories d'infractions, la dispense d'inscription au bulletin n° 3 est acquise définitivement. Jamais elles ne seront portées sur

l'extrait du casier judiciaire délivré aux simples particuliers et même une condamnation ultérieure, quelle
qu'elle soit, n'enlève pas le bénéfice accordé par la
loi·à l'intéressé. Cependant il nous faut signaler une
exception en ce qui concerne les condamnations prononcées avec sursis, une nouvelle condamnation
effaçant leur caractère suspensif (cir. Ch., 15 déc.
1899, § 37).

CHAPITRE III

Condamnations qui ne seront pas ou qui, étant mentionnées au Bulletin n° 3, cesseront d'y être portées après des délais déterminés, sauf à y être inscrites en cas de condamnations ultérieures à une peine corporelle.

Dans ses articles 7 et 8, la loi sur le casier judiciaire accorde sous conditions la dispense d'inscription au bulletin n° 3, à certaines catégories d'infractions. L'étude de ces dispositions peut faire l'objet de deux paragraphes :

1° Quelles sont les condamnations qui seront dispensées de l'inscription au bulletin n° 3 d'une manière provisoire et conditionnelle ?

2° Quelles sont celles qui, après un certain délai, cesseront d'y être mentionnées ?

§ 1. — *Quelles sont les condamnations qui seront dispensées de l'inscription au Bulletin n° 3 d'une manière provisoire et conditionnelle ?*

L'article 7, §§ 5, 6 et 7 de la loi, prévoit trois cas :
Ne seront pas inscrites au bulletin n° 3, *sauf la survenance ultérieure* d'une condamnation pour crime ou délit à une peine autre que l'amende :

1° Une première condamnation à un emprisonnement de trois mois (ou moins) prononcée par application des articles 67, 68 et 69 du Code pénal.

Il s'agit d'un mineur ayant agi « sans discernement ». La circulaire fait remarquer avec raison qu'une condamnation à l'amende ne sera pas inscrite au bulletin n° 3. Mais il n'est même pas douteux qu'une condamnation à trois mois et à une amende sera portée au bulletin n° 3 du mineur reconnu « ayant agi sans discernement » ;

2° Une condamnation avec sursis à un mois ou moins d'un mois d'emprisonnement avec ou sans amende.

Il paraît évident que l'intention du législateur était de ne pas inscrire une condamnation à une simple amende avec sursis. C'est du moins ainsi que M. le Garde des Sceaux interprète cette disposition dans sa grande circulaire du 15 décembre. C'est aussi notre avis, mais on voit combien ces textes sont mal rédigés.

Cet article modifie donc la loi du 26 mars 1891 qui voulait qu'une condamnation avec sursis fût toujours inscrite au bulletin n° 2 pendant au moins cinq ans. Si le Tribunal a prononcé une condamnation à l'amende et à l'emprisonnement avec sursis, mais pour la prison seulement, la circulaire (n° 36) recommande dans ce cas d'inscrire la condamnation à l'amende, car l'individu ainsi condamné serait mieux traité que celui qui aurait été condamné à l'amende seulement sans sursis (1).

_____

(1) V. Le Poittevin, *Journ. des Parq.*, 99, I, 160.

Ce paragraphe n'a pas été adopté sans difficultés. Le texte voté en première délibération était ainsi conçu : « Ne sera pas inscrite au bulletin n° 3 une première condamnation avec sursis, soit à un mois ou moins d'un mois d'emprisonnement, soit à une amende supérieure à 50 francs mais n'excédant pas 500 francs, prononcée pour un délit autre que le vol. l'escroquerie, l'abus de confiance ou l'attentat aux mœurs prévus par l'article 334 du Code pénal et le délit de l'article 400 du Code pénal. » M. Bérenger justifiait ainsi cet amendement : « On avait cru, dit-il, que grâce à cette mention du sursis, les personnes qui peuvent donner du travail considéreraient que ces condamnations avec sursis, qui, en définitive, ne sont qu'un acte de pardon prononcé par le magistrat, ne devaient pas empêcher de confier un emploi ou du travail manuel à un individu condamné dans ces conditions. On s'est trompé. Il se trouve que, même lorsque le bulletin ne contient qu'une condamnation avec sursis, le travail est refusé et qu'ainsi les intentions humanitaires et généreuses des magistrats ne sont nullement secondées (1) ».

Entre les deux délibérations, la Commission modifia cet amendement dans un sens encore plus favorable aux condamnés et adopta le texte actuel qui fut discuté à la séance du 7 mars.

Le gouvernement, dans la personne de M. Lebret,

_____

(1) M. Bérenger, Sénat, séance du 8 déc. 1899; *Journal officiel*, 9 déc. 1899.

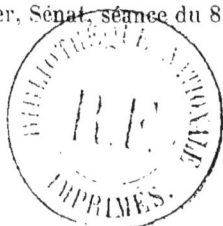

alors Garde des Sceaux, critiqua vivement ce projet, disant qu'il était excessif d'appliquer la dispense d'inscription sans distinguer entre les délits.

M. de Luzinais soutint l'opinion du Garde des Sceaux : « Nul, désormais, dit-il, ne pourra avoir la certitude qu'il n'a pas chez lui, dans la personne de son employé ou serviteur, un voleur ou un escroc. » Le Sénat adopta cependant cet amendement. Il se laissa convaincre par M. Bérenger et admit la théorie suivant laquelle la dispense d'inscription au bulletin n° 3 est la conséquence naturelle et le complément nécessaire de la mesure de sursis.

Cependant il ne voulut pas aller plus loin dans la voie des concessions, et repoussa un autre amendement déposé par l'honorable M. Bérenger et tendant à faire bénéficier de la dispense d'inscription « les condamnations à l'amende n'excédant pas 200 fr. »

3° Les déclarations de faillite, si le failli a été déclaré excusable par le Tribunal ou a obtenu un concordat homologué et les déclarations de liquidations judiciaires.

La loi, qui avait oublié dans son article 2 de comprendre les déclarations d'excusabilité de faillite et les homologations de concordat parmi les mentions à faire aux bulletins n° 1, a été complétée sur ce point par l'article 7 *in fine* du décret.

Si le concordat vient à être annulé par suite d'une condamnation pour banqueroute frauduleuse ou pour dol, ou encore s'il est résolu pour inexécution des conditions (art. 520 du Code de commerce), le condamné perdra évidemment, dans ces cas, le bénéfice de la dispense d'inscription au bulletin n° 3.

Tels sont les trois cas prévus par l'article 7, §§ 5, 6 et 7, dans lesquels la condamnation encourue ne sera pas portée, dès le principe, au bulletin n° 3, sauf la survenance ultérieure d'une condamnation pour crime ou délit à une peine autre que l'amende.

§ 2. — *Quelles sont les condamnations qui, après un certain délai, cesseront d'être mentionnées au Bulletin n° 3?*

Ces condamnations sont énumérées à l'article 8 de la loi. M. Bérenger soutint ainsi au Sénat cette disposition nouvelle : « La prescription du casier judiciaire, créée par cet article, repose sur une double considération ; se fondant d'abord sur l'observation déjà présentée que la peine accessoire réellement créée par le casier judiciaire ne peut être perpétuelle, alors que la peine principale n'est que temporaire, on constate que l'inscription au casier judiciaire ne peut avoir qu'une durée proportionnée à la peine prononcée. Le casier judiciaire ne doit donc être que temporaire, non pas en ce qui concerne les renseignements donnés aux magistrats, bien entendu, ou à l'État, mais seulement quand il s'agit du bulletin délivré aux particuliers. La prescription peut tout couvrir, le casier judiciaire sera-t-il la seule chose qu'elle n'atteindra pas? Comment ! la peine de la condamnation seule restera imprescriptible ! Personne

ne pourrait le soutenir, d'autant mieux qu'ici la
prescription se présentera dans des conditions parti-
culières, bien plus acceptables que celles dans lesquelles elle se produit généralement. Ce sera, non
pas la prescription automatique, brutale, qui intervient quelle qu'ait été la conduite de l'individu, par
le fait seul de la durée du temps prescrite par la loi,
mais la prescription méritée par cinq, dix ou quinze
ans de preuve, suivant les cas, la prescription récompense de la bonne conduite (1). »

Il s'agit là d'une prescription spéciale, différant
sensiblement de celle prévue aux articles 635 et suivants du Code d'instruction criminelle. Nous irons
même plus loin en disant que le mot « prescription »
ne reçoit pas ici sa véritable signification. On prescrit
des droits et non des choses matérielles. Que veut dire
prescrire un casier ? Nous aimerions mieux, bien que
ce ne soit plus très exact, l'expression « radiation »
employée dans l'exposé des motifs du projet de 1891.
Il ne s'agit pas, en effet, comme le disait M. Bérenger, de rayer du casier judiciaire certaines mentions
au bout d'un certain laps de temps, mais simplement
de dissimuler aux tiers l'existence de ces condamnations qui resteront connues des magistrats et de l'État.
C'est un acheminement à la réhabilitation de plein
droit établie par la loi nouvelle.

Quoi qu'il en soit, et pour simplifier, comme on l'a

(1) Sénat, séance du 8 nov. 1898 ; *Journ. offic.* du 9 nov. 1898,
déb. parl., p. 969.

fait dans les discussions parlementaires sur ce point
nous emploierons dans la suite l'expression « prescription » pour désigner cet effet spécial produit par
les articles 8 et 9 de la loi.

La prescription des mentions portées au bulletin
n° 3 s'obtient au bout d'un, cinq ou quinze ans,
suivant la ou les condamnations encourues.

Ainsi donc cessent d'être inscrites au bulletin n° 3.
après l'expiration du délai de :

1° « Un an, la condamnation unique à moins de
six jours de prison ou à une amende ne dépassant
pas 25 fr. ; ou à ces peines réunies, sauf le cas où
ces condamnations entraîneraient une incapacité civile ou politique.

Le projet présenté au Sénat fixait à cinq ans le
délai de prescription au bulletin n° 3 de ces condamnations. Il fut repoussé sur la proposition de
M. Thézard. qui justifia ainsi son amendement qui
est devenu le § 1 de l'article 8 : « Entre deux hommes, dit-il, dont l'un aura subi depuis cinq ans et
un jour une condamnation à six mois de prison pour
vol ou autre délit déshonorant, et un autre homme
qui, il y a cinq ans moins un jour. aura subi une
condamnation à 16 fr. d'amende pour délit de pêche.
le premier aura son casier immaculé et le second
aura son casier grevé d'une condamnation ; le premier,
par conséquent. sera préféré au second s'ils se trouvent en concurrence pour un emploi (1). »

_____

(1) Sénat, séance du 8 nov. 1898; *Journ. offic.* du 9 nov. 1898.

C'est à la suite de ces observations que fut adopté le § 1 de l'article 7. Mais le Sénat ne s'est pas aperçu que la restriction inscrite à la fin de ce paragraphe faisait, pour ainsi dire, disparaître complètement le principe posé un peu plus haut. En effet, toutes les condamnations à l'emprisonnement, quelle qu'en soit la durée, entraînent au moins une incapacité civile, celle d'être juré, pendant cinq ans (1).

De même certaines condamnations à l'amende pour mendicité, vol, escroquerie, vagabondage, abus de confiance, outrage public à la pudeur, entraînent des incapacités civiles et politiques, telles que d'être jurés ou inscrits sur les listes électorales (2).

On peut encore citer les incapacités édictées par la loi du 8 décembre 1883, incapacités qui atteignent même les femmes (3).

Ainsi donc, dans la pratique, le § 1 de l'article 8 ne sera jamais appliqué, et en fait, aucune condamnation à la prison ne sera effacée du casier au bout d'un an. C'est pourquoi le Garde des Sceaux, dans sa circulaire n° 41 *in fine*, fait remarquer que « lorsqu'il en est ainsi, c'est le n° 2 de l'article 8 qui devient applicable, puisque ni le n° 2, ni les n°s 3 et 4 ne contiennent la même restriction. »

---

(1) Loi du 21 nov. 1872, art. 2, § 2.

(2) Décret du 2 fév. 1852 et loi du 21 nov. 1872.

(3) M. Le Poittevin, *Journ. des Parq.*, 1899, I, 162, donne le tableau complet des condamnations à moins de six jours de prison ou à une amende ne dépassant pas 25 fr. qui entraînent de plein droit une incapacité civile ou politique.

Cette disposition ne sera du reste pas maintenue.
Il est vraisemblable qu'elle sera modifiée dans le sens
proposé au projet de rectification déposé par le gouvernement et ainsi conçu : Article 8, § 1. Cesseront
d'être mentionnées au bulletin n° 3, « deux ans après
l'expiration de la peine corporelle ou le payement de
l'amende, les condamnations uniques à moins de six
jours de prison, ou à une amende ne dépassant pas
25 fr., ou à ces deux peines réunies. »

2° Cesse d'être mentionnée au bulletin n° 3, après
un délai de cinq ans, la condamnation unique à six
mois de prison ou à une amende, ainsi qu'à ces deux
peines réunies.

Ces condamnations ne devront plus être portées au
bulletin n° 3, même si elles entraînent des incapacités civiles ou politiques, puisque ce § 2 ne contient
pas la restriction indiquée dans le § 1 *in fine*. Du
reste, ces incapacités survivront presque toujours à
la radiation de la condamnation à six mois de prison
sur le bulletin n° 3, car les délais pour obtenir la
réhabilitation de droit (art. 10) sont différents de ceux
fixés par l'article 8.

Faisons remarquer que, pour bénéficier de cette
radiation, il faut que la peine ait été subie et l'amende
payée. ·

De même n'est plus inscrite au bulletin n° 3 après
un délai de 10 ans, la condamnation unique à une
peine de deux ans ou moins de deux ans, ou les condamnations multiples dont l'ensemble ne dépasse pas
un an.

Ajoutons « avec ou sans amende (1) ». Malgré le silence de la loi, on est forcé d'admettre ce résultat; autrement, il faudrait maintenir à perpétuité l'inscription d'une condamnation à deux ans de prison et cinq francs d'amende, ce qui n'a pu être l'intention du législateur. On voit par ce nouvel exemple combien la loi est mal rédigée.

La seconde partie de ce paragraphe a été votée malgré l'opposition du gouvernement et sur l'initiative de M. Bérenger. L'auteur de cette proposition soutint ainsi son amendement à la séance du 9 décembre 1899 : « Si dix ans d'efforts pour n'avoir point comparu devant la justice sont méritoires de la part d'un homme qui aura été condamné une fois, ces dix ans sont plus méritoires pour celui qui aura subi plusieurs condamnations, étant donné, bien entendu, qu'il ne s'agit que de petites condamnations ». Devant l'opposition du gouvernement qui objecta avec raison que cet amendement bouleversait l'économie du projet en matière de radiation d'inscriptions, « ces faveurs, disait M. Lebret, devant être réservées aux délinquants primaires », l'examen de la question fut renvoyé à la deuxième délibération.

Dans la séance du 7 mars 1891 (2), M. Bérenger demanda à nouveau le vote de son amendement : « M. le Garde des Sceaux, dit-il, est très épris de son principe « la condamnation unique ». Mais en matière

---

(1) V. Le Poittevin, *Journ. des Parq.*, 1899, I, 166.
(2) *Journ. offic.*, 8 mars 1899.

pénale, ce n'est point avec des abstractions qu'on peut atteindre un but de justice..... La récidive est l'indice d'une perversité particulière, s'il s'agit d'un même délit, mais le plus souvent, les condamnations multiples représentent une diversité de délits..... M. le Garde des Sceaux veut exclure toute condamnation multiple du bénéfice de la loi, sans même excepter les condamnations à l'amende : trois délits de chasse rendront indigne ! Voilà jusqu'où va sa logique implacable ! »

L'amendement fut voté. Mais on ne s'aperçut pas que non seulement il bouleversait l'économie du système des radiations, mais encore qu'il rendait incompréhensible l'article 9.

En effet, cet article consacre le caractère conditionnel des faveurs accordées par l'article 8 en spécifiant que toutes les condamnations de l'article 8 ne cessent d'être inscrites au bulletin n° 3, « que s'il n'intervient pas une condamnation ultérieure pour crime ou délit à une peine autre que l'amende ».

On comprenait la portée de cette disposition de l'article 9, lorsqu'elle était inscrite au projet de la loi sous le n° 8 et avant l'article 9 qui est devenu l'article 9, surtout avant l'amendement de M. Bérenger qui est devenu le § 3 de l'article 8 actuel. La loi ayant posé en principe la prescription des condamnations mentionnées au bulletin n° 3, on s'expliquait qu'une nouvelle condamnation, encourue à quelque époque que ce fût, enlevât le bénéfice de la loi nouvelle. Mais du moment où, après dix ans, des con-

8

damnations même multiples pourront être effacées sur le bulletin n° 3, l'article 9 ne peut plus, dans ces espèces, recevoir son application que lorsque la condamnation dite ultérieure, sera intervenue postérieurement au délai de 10 ans prévu au § 3 de l'article 8.

Si on appliquait, en effet, littéralement l'article 9, il rendrait absolument inapplicable le § 3 précité, relatif aux condamnations multiples.

Enfin, cesse d'être inscrite au bulletin n° 3, après un délai de quinze ans, la condamnation unique supérieure à deux ans de prison.

Nous ferons ici la même remarque que précédemment. Il est évident que le législateur voulait la prescription de ces condamnations, qu'elles soient ou non accompagnées d'amendes.

Tels sont les délais prescrits par la loi pour obtenir la radiation des condamnations mentionnées à l'article 8. Cet article ne parlant que de condamnations à la prison ou à l'amende, il faut en conclure qu'il ne s'applique pas aux faillites et aux décisions disciplinaires. C'est peut-être un oubli.

Pour bénéficier de ces faveurs, le législateur a mis comme condition que la peine ait été subie et l'amende payée.

La loi n'a parlé que du paiement de l'amende, d'où on doit conclure que le condamné n'a pas à justifier du paiement des frais de justice. Il est vrai qu'aux termes de l'instruction du Ministère des finances pour le recouvrement des amendes (titre VII, ch. 1, n° 517), le percepteur doit imputer les acomptes d'abord sur les frais de justice et subsidiairement sur l'amende. Mais, cependant la même instruction réserve formellement le droit pour le condamné qui verse un acompte de faire une déclaration d'imputation (art. 1253 C. civ.), et elle impose au percepteur l'obligation d'imputer le versement en premier lieu sur l'amende (à raison de la prescription), lorsque le recouvrement des frais de justice est suffisamment garanti. L'une de ces deux éventualités se présentant, la question se pose de savoir si l'article 8 doit être, et c'est notre avis, interprété *stricto sensu*. Là encore, le législateur a fait un oubli qu'il serait peut-être bon de réparer dans le projet modificatif de la loi déposé au bureau du Sénat, le 4 novembre 1899, par le Garde des Sceaux.

TITRE IV

RÉHABILITATION DE DROIT

§ 1. — Nous avons vu, dans la première partie de cette étude, les inconvénients du casier judiciaire et les remèdes proposés pour atténuer les inconvénients de cette méthode de renseignements. Parmi ces derniers. M. Bérenger soumit à l'examen de la Commission du Sénat, pour réprimer la publicité indirecte. mais absolue, donnée à cette institution, une proposition tendant à créer une réhabilitation nouvelle.

Cette réhabilitation devait se produire d'elle-même et de plein droit, sans aucune demande de l'intéressé. après l'écoulement d'un certain laps de temps déterminé sans nouvelle condamnation.

Déjà. à la Chambre des députés, dans le projet de loi déposé le 12 juillet 1898 par le groupe socialiste. MM. Dejeante, Antide Boyer, Clovis Hugues. Groussier, Viviani, se trouvait la même proposition.

M. Bérenger, en reprenant cette proposition, voulait ainsi remédier à l'inconvénient signalé plus haut. de la perpétuité du casier judiciaire. Il soutint son système devant la Commission. Celle-ci le rejeta.

« *Non est hic locus*, lui répondit-on, la réhabilitation que vous nous proposez ne peut entrer dans un
projet de loi sur le casier judiciaire ».

Quelle était, en effet, la situation à laquelle il s'a-
gissait de remédier ? C'était que le libéré, repoussé de
partout à cause des révélations faites par son casier
judiciaire, ne pouvait trouver du travail et par cela
même était rejeté forcément dans la voie du crime.
Or, est-ce apporter remède à ce mal que d'accorder
au libéré la plénitude de ses droits civils et politiques
après 10, 15 ou 20 ans? La Commission du casier
le comprit très bien et déclara que cette proposition
« excédait les limites de son mandat (1) ».

« *Honoribus et ordini tuo et omnibus cæteris te res-
tituo* », disait l'ancienne formule de la réhabilitation
romaine. Les effets de notre réhabilitation sont toujours les mêmes. Sans doute le condamné sera de
plein droit réintégré sur les listes électorales. Mais
d'une part, c'est là une faveur platonique, si elle est
méritée, ou bien une injustice regrettable s'il n'a pas
su s'en rendre digne et s'il doit à l'effet aveugle du
temps un honneur contre lequel proteste sa conduite; d'autre part, c'est une erreur de logique, car
les incapacités civiles et politiques auxquelles on
s'attaque ne résultent pas de l'inscription au casier,
mais bien des condamnations elles-mêmes.

Cependant, M. Bérenger maintint sa proposition et,

----

(1) V. rapp. de M. le sénateur Godin; *Journ. offic.*, doc. parl.,
Sénat, 1898, p. 416 et 417.

au cours de la discussion au Sénat, il sut la faire triompher. S'appuyant sur la corrélation étroite qui unit, selon lui, les dispenses d'inscriptions (art. 7), les radiations (art. 8) et la réhabilitation de plein droit (art. 10), l'éminent criminaliste soutint ainsi son système à la séance du Sénat du 8 décembre 1898 : « La Commission, dit-il, demande trois choses : d'abord la suppression sur le bulletin délivré aux particuliers des condamnations qu'il est inutile à celui qui cherche un employé de connaître..... ; en second lieu, ce que nous avons appelé peut-être improprement, la prescription des mentions du casier, méritée par cinq, dix ou quinze ans d'épreuve..... ; enfin, lorsque le condamné aura justifié par une épreuve plus prolongée l'espoir placé en lui, une nouvelle récompense, après dix, quinze et vingt ans, suivant le cas, sera la réhabilitation de droit (1) ».

La réhabilitation telle qu'elle existe actuellement, ajoutait l'honorable sénateur, avec les multiples formalités qu'elle exige, n'est pas pratique. Les libérés la redoutent. Ils n'osent pas la demander; ils craignent de dévoiler ainsi une ancienne faute qu'ils étaient parvenus à dissimuler aux yeux de leurs concitoyens. A l'appui de son dire, M. Bérenger donna lecture de lettres à lui adressées. Ces lettres racontaient la lamentable histoire d'anciens condamnés qui, après avoir conquis une situation par leur travail et leur honnêteté, avaient vu cette situation anéantie dès

---

(1) *Journ. offic.*, 9 déc. 1898.

qu'une demande de réhabilitation avait divulgué leur ancienne faute.

M. Bérenger, en produisant ces lettres, était sans doute de bonne foi. Mais peut-être exagérait-il. L'enquête prescrite en matière de réhabilitation au titre VII, chapitre IV, articles 619 et suivants du Code d'Instruction criminelle n'est pas connue du public. Les maires, les préfets, ou les autorités militaires et maritimes, qui délivrent les certificats exigés, sont tenus par le secret professionnel. Quant à la décision qui intervient, elle est prise en chambre du Conseil et, par conséquent, ne peut nuire au postulant.

Quoi qu'il en soit, M. Bérenger fit triompher son système et le Sénat vota son amendement, qui est devenu l'article 10 de la loi.

§ 2. — *Conditions auxquelles est acquise la réhabilitation de droit.*

Ces conditions sont au nombre de deux :

1° Le condamné doit avoir subi sa peine ;

2° Depuis l'exécution de la peine, un certain délai doit s'être écoulé sans survenance de condamnation à une peine autre que l'amende.

Le point de départ de ce délai est fixé par l'article 8, auquel renvoie l'article 10.

Quant au délai, il est :

a) De dix ans pour les peines prévues à l'article 8, § 1 et 2 ;

b) De quinze ans pour les peines prévues à l'article 8, § 3 ;

c) De vingt ans pour les peines prévues à l'article 8, § 4.

Ainsi donc, cette faveur doit être nécessairement précédée de la prescription des mentions portées au bulletin n° 3.

La circulaire fait remarquer que la remise par voie de grâce doit, de même que pour la prescription des mentions, équivaloir à l'exécution des peines et aussi que l'exécution de la contrainte par corps équivaut au paiement de l'amende.

§ 3. — *Effets de la réhabilitation de droit.*

Cette réhabilitation de droit produit les mêmes effets que la réhabilitation réglementée au Code d'Instruction criminelle, et au point de vue spécial du casier judiciaire, elle fait disparaître les mentions portées aux bulletins 1 et 2.

Mais les articles 8 et 9 ne parlant que des condamnations à l'amende ou à l'emprisonnement, il faut en conclure que la réhabilitation de droit ne peut pas s'appliquer aux faillites, ni aux décisions disciplinaires. Par suite, la réhabilitation ne peut, comme par le passé, être acquise que conformément aux dispositions des articles 604 et suivants du Code de commerce pour les faillis et de la loi du 19 mars 1864, pour les officiers publics ou ministériels destitués.

§ 4. — *Le principe seul a été posé dans la loi.*

En fait, cependant, le principe seul a été inscrit

dans la loi, mais toutes les mesures d'exécution sont à édicter.

Ainsi, si l'on s'en tenait aux termes employés « la réhabilitation sera acquise de plein droit », il serait nécessaire de procéder à une révision générale du casier judiciaire, de vérifier pour tous les condamnés (peut-être décédés), si les peines ont été subies, ou les amendes payées, puis par analogie à la réhabilitation judiciaire, de faire mentionner la réhabilitation en marge des jugements et enfin aviser l'autorité administrative que le condamné est relevé des déchéances par lui encourues.

Il paraît évident que l'article 10 ne doit pas être entendu dans ce sens, et qu'il ne recevra son application que sur la demande expresse de l'intéressé. Mais il reste à déterminer la forme de la demande, les justifications à produire par le postulant, les vérifications auxquelles le procureur de la République devra procéder, le fonctionnaire (greffier ou procureur de la République) qui délivrera l'attestation de la réhabilitation, les mentions à effectuer, tant au bulletin n° 1, qu'au jugement unique ou aux jugements multiples, enfin, les cas dans lesquels l'avis de la réhabilitation devra être donné à l'autorité administrative.

Le Garde des Sceaux, dans sa circulaire, met à la charge de l'intéressé la demande de réhabilitation et conseille aux greffiers de la mentionner sur le bulletin n° 1, lorsqu'à l'occasion de la délivrance d'un bulletin n° 2 ou 3, ils s'aperçoivent qu'elle est acquise.

Il serait peut-être plus simple de procéder ainsi. L'intéressé, dans sa demande, devrait indiquer où il a subi sa peine, car il ne faut pas oublier qu'il s'agit de condamnations remontant à dix, quinze ou vingt ans et plus, et que le lieu de l'exécution de la peine n'étant mentionné que sur les registres du parquet du Tribunal qui a prononcé la condamnation, il serait souvent impossible de retrouver la trace de cette exécution.

Il justifierait également de l'amende, sur le vu de la supplique et après vérification de l'accomplissement des conditions légales, le procureur de la République autoriserait le greffier à délivrer un certificat de réhabilitation légale qu'il inscrirait lui-même au casier judiciaire. Mention en serait faite au jugement, avis en serait donné au préfet, et enfin on délivrerait à l'intéressé une expédition du certificat et un bulletin nº 3 négatif, par analogie à l'article 633 *in fine* du Code d'Instruction criminelle.

Ce système serait, selon nous, plus pratique que celui de la circulaire. D'abord, il simplifierait grandement les recherches et ne remettrait pas au hasard (comme semble le dire le Garde des Sceaux) la réhabilitation de droit. Ensuite, il laisserait le procureur de la République juge et ne mettrait pas les greffiers dans la nécessité de trancher de véritables questions de droit.

TITRE V

CHAPITRE PREMIER

Rétroactivité de la loi.

La loi du 5 août 1899 améliorant le sort des condamnés a certainement un effet rétroactif. C'est du reste en ce sens qu'est la circulaire du 15 décembre (1). Cependant, on ne pouvait songer à compléter tous les bulletins n° 1 déposés depuis près d'un siècle dans les greffes des Tribunaux. Il faut donc que ce soit l'intéressé lui-même qui demande à bénéficier des faveurs de cette loi.

---

(1) Signalons en ce sens une décision du tribunal de Nancy. Voici l'espèce : Lorsque actuellement un individu a subi deux condamnations, l'une à un an, l'autre à treize mois de prison, si entre le jour où la première a été subie et la seconde condamnation, il s'est écoulé une période de plus de quinze ans, pendant laquelle aucune condamnation nouvelle n'a été prononcée, et si, depuis le jour où la seconde peine a été subie, quinze ans se sont passés, sans qu'aucune autre peine ait été encourue, la réhabilitation de droit est acquise. (Tr. civ. Nancy, 29 janv. 1900 : *Journ. des Parq.*, 1900, II, 38).

Cependant, depuis la promulgation de la loi, c'est aux greffiers qu'il appartient de procéder d'office à l'inscription sur les bulletins n° 1 des dates d'expiration des peines et du paiement de l'amende ; cela à l'aide des renseignements à eux fournis par l'administration des finances (art. 7 du décret du 12 décembre 1899).

Ils auront là un surcroît de travail considérable et il est à craindre que des erreurs et des omissions multiples ne se glissent dans le fonctionnement du casier judiciaire.

CHAPITRE II

Situation des étrangers.

L'article 12 de la loi dispose que les étrangers n'ont droit aux dispenses d'inscription sur le bulletin n° 3 (et non le bulletin n° 2 comme le dit l'article 12 dans lequel s'est glissée une erreur matérielle évidente) que si dans le pays d'origine une loi ou un traité réserve aux condamnés français des avantages analogues.

Mais le greffier, dans la plupart des cas, se trouve dans l'impossibilité de savoir que le demandeur est un sujet étranger, car ce dernier est rarement né hors de France (sans quoi le bulletin n° 1 serait classé au casier central) et les bulletins n° 1 mentionnent peu souvent pour les condamnés ainsi nés en France qu'il s'agit d'un sujet étranger ou s'ils en font mention, ils n'indiquent pas la nationalité à laquelle l'étranger appartient.

Il est vrai que depuis la circulaire du 15 décembre, les bulletins n°s 1. 2 et 3 devront indiquer la nationalité de celui qui en est l'objet. Mais la loi ayant un effet rétroactif, la difficulté sera la même pour les condamnations antérieures au 15 décembre 1899.

Cette réciprocité n'est exigée que pour les radiations à effectuer au bulletin n° 3. radiations prévues par les articles 7 et 8 de la loi. Mais lorsque l'absence de toute mention doit résulter de la réhabilitation de droit, il ne peut être fait aucune distinction entre le Français et l'étranger vis-à-vis duquel le législateur n'a pas restreint les conséquences de cette innovation.

CHAPITRE III

Pénalités.
De la procédure de rectification des mentions portées au Casier judiciaire.

I. — Le législateur de 1899, avant de déterminer la procédure à suivre pour rectifier les erreurs portées au casier judiciaire, a, dans l'article 11, édicté des pénalités contre les individus faisant de fausses déclarations en ce qui concerne leur casier.

Il distingue trois catégories d'infractions, infractions qui, sous la législation antérieure ne pouvaient être punies qu'autant qu'elles présentaient le caractère d'un faux :

1° Quiconque, en prenant le nom d'un tiers, aura déterminé l'inscription au casier de ce tiers d'une condamnation, sera puni de six mois à cinq ans d'emprisonnement, sans préjudice des poursuites à exercer pour le crime de faux s'il y échet.

La dernière partie de cet article paraît en contradiction avec le principe posé. Si, en effet, la falsification du casier judiciaire donne lieu à une poursuite correctionnelle, comment le même fait pourra-t-il donner lieu à des poursuites criminelles? Cette objection ayant été faite au Sénat pendant la discussion du projet, le rapporteur répondit qu'on avait voulu viser le cas où l'inculpé aurait appuyé ses déclarations par la production de pièces falsifiées. C'est dans cette seule hypothèse qu'une double poursuite correctionnelle et criminelle pourrait se concevoir.

2° Sera puni de la même peine celui qui, par de fausses déclarations relatives à l'état civil d'un inculpé, aura sciemment été la cause de l'inscription d'une condamnation sur le casier judiciaire d'un autre que cet inculpé.

3° Quiconque en prenant un faux nom ou une fausse qualité, se fera délivrer le bulletin n° 3 d'un tiers sera puni d'un mois à un an d'emprisonnement.

L'article 463 du Code pénal sera dans tous les cas applicable.

Ces dispositions de la loi sont sévères. Empêcheront-elles de se reproduire des faits tels que celui que racontaient dernièrement les journaux? Espérons qu'on ne verra plus un honnête citoyen envoyé aux bataillons d'Afrique, rayé des listes électorales sans cependant n'avoir jamais été condamné, mais parce qu'un récidiviste avait pris son état civil.

II. — Autrefois il était presque impossible de faire rectifier son casier judiciaire. Il arrivait et cela se présente encore souvent dans la pratique qu'un prévenu cache son identité et se laisse condamner sous un nom qui ne lui appartient pas. Dans ce cas, son casier judiciaire est dressé conformément au jugement de condamnation dont il est un extrait sommaire. Il peut se faire que le condamné ait pris un nom de fantaisie, mais il est possible, et ce sera le cas le plus fréquent, que ce soit les noms d'un tiers dont le délinquant avait volé l'état civil. Dans la première hypothèse, l'intérêt public est lésé; dans la seconde, cette erreur commise volontairement par le condamné cause un préjudice à un tiers (1). Or le législateur de 1808 n'a pas prévu la question : il n'a statué, dans les articles 518 et suivants du Code d'instruction criminelle que sur une espèce particulière. Qui, avant la loi de 1899, pouvait faire rectifier le casier? Comment procédait-on pour obtenir la rectification? Étudions séparément les deux hypothèses (2).

Dans le premier cas, le ministère public pouvait certainement prendre l'initiative de la demande en rectification. C'est en effet un principe de droit que le parquet peut agir d'office toutes les fois que l'ordre public est en jeu. Enfin, les articles 165, 197 et 376 du Code d'instruction criminelle imposent au ministère public le devoir de faire exécuter les condamnations. Ce devoir implique le droit de saisir les tribunaux pour obtenir la solution des contestations relatives à ces jugements et par suite de faire rectifier

---

(1) Il est regrettable, comme nous le disions plus haut, que le législateur de 1899 n'ait pas adopté l'article 3 du projet, suivant lequel le signalement anthropométrique devait être joint à tout extrait du casier judiciaire. L'adoption du système de M. Bertillon aurait rendu à peu près impossibles de semblables erreurs.

(2) V. sur la question une remarquable dissertation de M. Naquet dans le *Journ. des Parquets*, 1886, 1, 32.

l'état civil des condamnés. L'action sera portée devant le Tribunal compétent pour connaître des questions contentieuses concernant l'exécution de la condamnation. Mais d'après quelle procédure sera-t-elle introduite et jugée? Sur ce point, la Cour de cassation avait créé de toutes pièces un système d'après lequel les articles 518 et suivants du Code d'instruction criminelle régissaient non seulement l'hypothèse prévue au texte, mais toutes les hypothèses analogues. Aussi exigeait-elle, à peine de nullité, la présence du condamné. C'est ainsi que, dans un arrêt rendu le 16 mai 1885, nous lisons : « Attendu que les dispositions de l'article 518 du Code d'instruction criminelle sont applicables non seulement lorsqu'il est nécessaire de procéder à la reconnaissance de l'identité d'un condamné repris après évasion, d'un déporté ou d'un banni qui a enfreint son ban, mais encore dans toutes les circonstances analogues et spécialement *lorsqu'il s'agit de faire constater l'identité d'un individu sous le nom d'un tiers;*

« Que, dans ce dernier cas, comme dans ceux expressément prévus par l'article 518, le ministère public doit porter son action devant la Cour qui a prononcé la condamnation, et ce, en audience publique; et *le condamné présent, à peine de nullité,* conformément à ce qui est prescrit par l'article 519 du Code précité ».

Telle était l'application que faisait la Cour suprême des articles 518 à 520 du Code d'instruction criminelle. Mais il suffit de lire ces textes pour être convaincu

qu'ils ne sauraient recevoir leur application au cas
où il s'agit de faire rectifier un nom sur un jugement
et sur un extrait du casier judiciaire. Il ne s'agit pas
d'un condamné qui s'est évadé ; il ne s'agit pas non
plus de constater son identité dans le sens de l'article 518, c'est-à-dire de constater si c'est bien l'individu condamné qui se trouve devant le Tribunal.

Dans la seconde hypothèse, au contraire, celle où
le délinquant s'est laissé condamner sous le nom d'un
tiers, et auquel cas ce tiers demande la rectification
de son casier judiciaire, la jurisprudence s'appuyait
encore sur les articles 518 et suivants, et suivait la
même règle que précédemment. Aussi pouvait-on en
conclure qu'elle devait exiger, dans tous les cas, les
mêmes conditions de procédure. Mais, par une sin-
gulière contradiction, elle décidait que la présence
du condamné, dans cette hypothèse, n'était plus nécessaire. En effet, si elle en avait décidé autrement,
sa doctrine aurait abouti à sacrifier les intérêts sacrés
des personnes qui ont été victimes d'un faussaire.

Elle aurait ainsi, sous prétexte de sauvegarder les
intérêts de la défense, commis de véritables dénis de
justice toutes les fois que le condamné serait mort
ou disparu, ou que l'administration, de qui dépend
son transfèrement, lorsqu'il était détenu, refuserait
de l'ordonner (1).

Sans doute, en présence du silence de nos lois sur
la question, la jurisprudence avait fait acte de raison,

---

(1) Cour de Dijon, 31 mars 1875 ; S., 77, II, 143.

sinon de logique, en rendant possible, par une ex-
tension arbitraire des textes étrangers à la question,
la rectification d'erreurs regrettables. Un texte était
nécessaire. Le législateur de 1899 a comblé cette la-
cune et a édicté des règles spéciales pour rectifier les
erreurs portées au casier judiciaire.

A cet égard, le législateur ne paraît avoir été guidé
par aucune vue générale. Il n'a décidé que dans deux
cas bien déterminés :

1° Si la mention erronée portée au casier judiciaire
provient de ce qu'une condamnation prononcée sous
le nom d'une personne ne lui est pas applicable, la
juridiction compétente pour statuer sur la rectification est le Tribunal ou la Cour qui a rendu la décision. c'est-à-dire le Tribunal correctionnel, la Cour
d'assises ou la Cour d'appel, Chambre correctionnelle
(art. 12, § 1).

2° Si une contestation naît à propos de la réhabilitation de droit, elle doit être portée devant le Tribunal du domicile du condamné (art. 10, § 3), et, en
raison de la formule employée par cet article, il
s'agit évidemment du Tribunal civil.

Mais, que décider dans tous les autres cas? Un condamné prétend, par exemple, qu'il est en situation
de bénéficier d'une loi d'amnistie ou d'une dispense
d'inscription prévue par les articles 7 et 8. La géné-
ralité des termes de l'article 14 pourrait faire croire
qu'il faudra saisir la juridiction correctionnelle qui a
rendu la décision. L'examen des travaux préparatoires indique, au contraire, que cet article vise seu-

lement la rectification rendue nécessaire par une
condamnation prononcée sous un faux nom. Par
suite, en dehors de ce cas, le Tribunal compétent
pour trancher les difficultés d'application de la loi
nouvelle sera toujours le Tribunal civil du domicile
de la partie intéressée; cela, tout au moins jusqu'à
nouvel ordre, car le projet modificatif de la loi, déposé par le gouvernement, demande à ce que la compétence soit attribuée au Tribunal correctionnel du
domicile de l'intéressé ou au Tribunal correctionnel
qui a rendu la décision, suivant le cas. Ainsi donc,
jusqu'à ce que le projet soit voté, le Tribunal civil
sera compétent, car, en dehors des textes formels, la
plénitude de juridiction appartient aux tribunaux civils. Ils peuvent légitimement statuer. L'article 805
du Code de procédure civile semble d'ailleurs l'indiquer formellement, car il prend soin de déclarer la
compétence du lieu de l'exécution pour les demandes
d'élargissement formées par des personnes détenues
pour dettes, au lieu de laisser au Tribunal qui a prononcé la contrainte par corps le soin de statuer (1).

Cette théorie est cependant combattue, et certains
bons esprits se sont refusés à l'admettre. Il ne faut
pas, soutiennent-ils, se méprendre sur le sens de la
formule que les tribunaux civils ont la plénitude de
juridiction. Cela signifie seulement qu'ils sont juges
de toutes les affaires qui n'ont pas été placées dans

---

(1) Cass., 17 déc. 1850; S., 51, 1, 64. — Trébutien, C. de Droit
crim., t. I, p. 279.

les attributions d'un Tribunal d'exception, et, si l'on veut aller aussi loin que la jurisprudence, que leur incompétence à l'égard des affaires soumises par la loi à un Tribunal d'exception n'est que d'intérêt privé et non d'ordre public.

Cette plénitude de juridiction n'existe qu'en matière civile. Les tribunaux criminels ont une juridiction générale et ils ne sauraient être considérés au regard des tribunaux civils comme des tribunaux d'exception au même titre que les tribunaux de commerce ou les conseils de prud'hommes.

Ainsi donc, suivant les partisans de cette théorie, il faudrait écarter la compétence des tribunaux civils.

C'est cette théorie que semble admettre le Garde des Sceaux dans son projet modificatif de la loi sur le casier judiciaire, article 15. Il n'en est pas moins vrai que la jurisprudence a toujours été contraire à ce système. Peut-être se modifiera-t-elle en présence de ce projet de réforme.

L'article 14, §§ 2 et suivants, indique la procédure à suivre. Cette procédure est calquée sur celle des articles 856 et suivants du Code civil, relative aux rectifications d'état civil.

Elle consiste dans les actes suivants :

1° Requête au président de la juridiction compétente ; 2° communication au ministère public et commission d'un juge ; 3° jugement en audience publique sur rapport du juge et du ministère public.

Tous les actes, jugements et arrêts sont dispensés du timbre et enregistrés gratis (art. 14. § 9).

Le Tribunal ou la Cour pourra ordonner d'assigner la personne objet de la condamnation (art. 14, § 4).

Si la requête est rejetée, le requérant sera condamné aux frais.

Si la requête est admise, les frais seront supportés par celui qui aura été la cause de l'inscription reconnue erronée.

Enfin le ministère public, la circulaire insiste sur ce point, peut concurremment avec les intéressés prendre l'initiative de la procédure de rectification. Les parquets, ajoute l'instruction ministérielle, « n'hésiteront pas à user, dans la plus large mesure, d'un droit dont l'exercice intéresse au plus haut point l'ordre public ».

Mais ni la loi ni la circulaire ne disent dans quels cas le ministère public devra agir d'office en rectification des erreurs du casier judiciaire. C'est, croyons-nous, quand l'ordre public sera intéressé, par exemple, dans les cas prévus par l'article 11. Hors de ces cas et pour des erreurs sans gravité ou même d'ordre purement matériel, le parquet ne devrait pas prendre l'initiative de l'action, mais la laisser à l'intéressé.

Enfin, mention de la décision rendue sera faite en marge du jugement ou de l'arrêt rectifié.

CONCLUSIONS

Que faut-il penser, en définitive. de l'œuvre du législateur de 1899 ? Il serait peut-être téméraire de la juger d'une manière absolue. Depuis trop peu de temps cette loi a été promulguée. et il faut laisser cette institution produire ses effets. Certainement la pratique fera connaître d'autres inconvénients que ceux que nous avons signalés au cours de cette étude. Quoi qu'il en soit. on doit reconnaître qu'une pensée généreuse et philosophique a inspiré cette réforme. Il était sans doute nécessaire de légaliser le casier judiciaire. Ce système de renseignements a rendu. et rend encore. d'immenses services à l'administration de la justice. on ne pouvait le laisser à la merci des ministres, qui en étant plus ou moins partisans, auraient pu le modifier et le remanier complètement par de simples circulaires.

Mais ce qu'on a voulu. et c'est surtout à ce point de vue que l'œuvre du législateur de 1899 est louable. c'est remédier aux inconvénients signalés par la pratique ; c'est restreindre cette publicité intégrale et absolue bien que déguisée du casier judiciaire.

La création du bulletin n° 3 ne portant que certai-

nes condamnations sans gravité répond-elle au but
proposé? Cette idée peut se soutenir. Mais nous ne
croyons pas que sa mise en pratique donne les résultats que les réformateurs en attendent. Peut-être, et
c'est notre avis, aurait-on mieux fait, en supprimant
toute publicité, de faire du casier une institution absolument secrète et fermée. Que la Justice et l'État
connaissent les antécédents des citoyens, à cela nous
ne voyons aucun inconvénient; leurs représentants
sont tenus par le secret professionnel qui les empêchera de divulguer aux tiers les condamnations encourues par tel ou tel de leurs concitoyens. Et du
reste, si l'inscription au casier judiciaire est, comme
on l'a dit, un mal, ce mal est nécessaire. Nous avons
reconnu cette nécessité pour la bonne administration
de la justice, l'exercice normal de nos droits civils et
politiques, et le recrutement régulier de notre armée.

Mais avec les nouveaux bulletins n° 3 ne va-t-on
pas exciter la méfiance des patrons à l'égard des employés? Ne met-on pas ainsi l'honnête homme sur le
même pied que le récidiviste? Tous deux, en effet,
dans certains cas présenteront des bulletins n° 3 in-
tacts. Qui sait ce que l'imagination des « chercheurs
d'employés » croira découvrir derrière la mysté-
rieuse barre transversale oblitérant le bulletin n° 3.
L'avenir seul nous fixera à cet égard.

Dans le même ordre d'idées, le législateur, en of-
frant la réhabilitation aux condamnés, a fait œuvre
grandement utile. Les condamnés auront désormais de
puissants stimulants les encourageant à rentrer dans

la voie du bien. Tout espoir ne sera pas perdu. Sans doute, cette innovation a soulevé, de la part du gouvernement, une violente opposition, opposition qui était peut-être justifiée.

Nous ne voudrions pas prêcher l'indulgence pour les criminels ; mais ne peut-il y avoir encore place dans l'exercice de la justice pour la pitié, sinon pour le pardon. Représentons-nous l'intérieur de ces âmes de criminels dans leur lutte entre le bien et le mal et notre pitié sera si grande qu'elle l'emportera peut-être sur les jugements les plus rigoureux de nos Codes et même de la morale. C'est ce qu'avait compris M. Bérenger.

Peut-être s'est-il trompé ! Sans doute, ces idées généreuses et humanitaires ont été proclamées par les plus grands philosophes, célébrées par les plus grands poètes. Mais le législateur soucieux des intérêts matériels de la société ne doit pas se laisser entraîner à leur suite dans ces hautes régions de l'idéal. La justice humaine doit avoir en pratique pour objet, non le juste au point de vue absolu, tel qu'eût pu le rêver Platon, mais l'utile, tel que l'enseignait son maître Socrate. Elle s'inspire simplement des intérêts bien compris des peuples qui y sont soumis.

Quant aux peines, souhaitons de tout notre cœur de les voir réduites au strict nécessaire pour assurer la vie et les biens des citoyens. Mais la réhabilitation de droit ne serait-elle pas une mesure prématurée ?

Il est pourtant un point où nous ne saurions trop blâmer les rédacteurs de la loi du 5 août 1899. Envi-

sagée quant à la forme, cette loi nouvelle prête à de
sérieuses critiques. C'est une remarque courante que la
rédaction des actes législatifs devient de plus en plus
défectueuse. Les meilleures lois sont les plus courtes,
celles qui condensent en quelques articles les principes admis. On ne saurait trop proscrire les textes
trop longs, divisés et subdivisés à l'infini.

L'article 14, par exemple, contient neuf paragraphes ; l'article 8 subdivise son paragraphe 4 en cinq
alinéas. Le tout au détriment de la clarté et de la rapidité des recherches. La loi de 1899 contient, du
reste, des inexactitudes et des lacunes tellement importantes que le gouvernement a cru devoir déposer
sur le bureau du Sénat, dès le 4 décembre, un projet tendant à la modifier.

APPENDICE I

Aperçu de législation comparée sur la question du Casier judiciaire.

I. — ALLEMAGNE.

Depuis 1882, il existe en Allemagne un casier judiciaire organisé sur les mêmes bases que le système français avant que la loi de 1899 ait été promulguée. Il a été établi par l'arrêté du Conseil fédéral du 16 juin 1882. Les gouvernements confédérés ont le soin de désigner les autorités chargées de tenir le casier des individus nés sur leur territoire. Pourtant, en Alsace-Lorraine le système français est toujours demeuré en vigueur. Comme en France, il y a en Allemagne un casier central établi à l'office impérial de justice et destiné à recevoir les bulletins des individus d'origine étrangère ou inconnue.

A la différence du casier français, le casier judiciaire allemand est absolument secret. Les bulletins n° 2 ne peuvent être délivrés qu'à la justice ou aux autorités. Il n'y a pas de bulletins n° 3.

II. — GRANDE-BRETAGNE.

En Angleterre, le casier judiciaire n'existe pas. Les antécédents judiciaires des prévenus s'établissent soit par des témoignages, soit par les renseignements fournis par la police.

III. — BELGIQUE.

Le casier judiciaire fonctionne en Belgique depuis 1889. Il a été créé par une circulaire du ministère de la justice du 31 décembre 1888. Il est établi sur le modèle du casier français. Mais à sa différence il est unique. Tous les renseignements sont concentrés au ministère de la justice. De même sur les bulletins ne sont mentionnées que les condamnations pénales. Ainsi donc il n'y a pas lieu, comme en France, d'indiquer sur les fiches du casier les faillites, les liquidations judiciaires et les décisions disciplinaires.

Enfin, comme le casier judiciaire allemand, le casier belge est secret : les extraits ne peuvent être délivrés qu'à la justice. Toutefois, les sociétés de patronage (1), l'Etat et certaines administrations sont admis à y puiser des renseignements (2).

Il existe de plus, en Belgique, un casier judiciaire spécial du vagabondage. Ce casier a été créé par une

---

(1) Les Sociétés de patronage françaises ont demandé qu'on leur accorde le même privilège.
(2) *Bulletin de la Soc. gén. des Prisons*, 1894, p. 1123.

circulaire ministérielle du 20 janvier 1893 pour assurer l'application de la loi du 27 novembre 1891 qui organise la répression du vagabondage et de la mendicité.

IV. — DANEMARK.

Depuis le 1ᵉʳ janvier 1897, un système analogue au casier judiciaire français à été inauguré en Danemark. C'est une circulaire du ministère de la justice du 11 décembre 1896 qui a organisé ce système.

Toute condamnation pénale, même émanant d'un Tribunal de simple police est consignée sur une « carte pénale » (Straffkart) (modèle donné par le ministère de la justice) et envoyée au Tribunal du lieu de naissance. Au Tribunal du lieu de naissance, on prend note de cette condamnation sur un registre spécial dressé suivant l'ordre alphabétique. Puis, tous les trois mois « la carte pénale » est transmise au bureau de la statistique générale du royaume.

A Copenhague est établi un bureau où sont centralisées les « cartes pénales » des individus d'origine étrangère ou inconnue.

Comme on le voit, le principe fondamental du système français — localisation de tous les renseignements judiciaires au lieu de naissance — est respecté dans le système danois.

Le casier proprement dit est certes plus pratique, les recherches étant plus faciles dans les casiers que dans les registres. Mais peut-être la difficulté n'est pas la même en France qu'en Danemark où la population ne peut être comparée à celle des grands Etats européens.

V. — EGYPTE.

Il existe en Egypte, depuis le 18 février 1895, un bureau de casier judiciaire près le parquet de la Cour d'appel du Caire.

Son organisation a été calquée sur le casier français tel qu'il existait sous le régime des circulaires, avec cette différence pourtant que tous les antécédents judiciaires sont centralisés en un casier unique.

VI. — ESPAGNE.

Le casier judiciaire n'existe pas en Espagne. Mais on y trouve une institution analogue. Ce sont des registres constatant les condamnations encourues. A Madrid, au ministère de la justice, est un « registre central », et depuis 1892, dans chaque Tribunal est un registre analogue pour les individus nés dans le ressort.

VII. — GRÈCE.

En Grèce, le casier judiciaire existait. C'est une ordonnance royale du 27 mai-juin 1871 qui l'avait institué. Malheureusement, le mauvais état des finances ne permit pas à cette institution de vivre bien longtemps.

Actuellement, il est remplacé par un registre général où sont consignés tous les antécédents judiciaires des condamnés.

VIII. — ITALIE.

Le casier judiciaire existe en Italie en vertu d'un décret du 6 décembre 1865 et d'un règlement rendu en exécution de ce décret. Son organisation a été copiée sur celle de l'ancien système français. Comme en France, les renseignements sont localisés au Tribunal du lieu de naissance et, pour les individus d'origine étrangère ou inconnue, au ministère de la justice en un casier central « casellario centrale ». Mais, s'il y a doute sur le lieu de naissance du condamné, le greffier du Tribunal qui a prononcé le jugement dresse trois bulletins : 1° un pour le Tribunal de la localité où se dit né le condamné ; 2° un pour le Tribunal du dernier domicile ; 3° un pour le casier central.

IX. — PORTUGAL.

C'est le premier pays qui ait emprunté le système de M. Bonneville de Marsangy. Le casier portugais est le même que l'ancien système français.

On peut se faire délivrer des extraits du bulletin n° 2, mais seulement en vertu d'une ordonnance du juge.

Ce système fut établi dans les colonies portugaises par un décret du 24 août 1863, et dans la métropole par le décret du 7 novembre 1872.

X. — PAYS-BAS.

Depuis le 19 février 1896, l'ancien système français est appliqué dans les Pays-Bas.

XI. — RUSSIE.

Il n'existe pas en Russie d'institution analogue au casier judiciaire français. Mais, d'après une loi du 11 novembre 1871, les juridictions criminelles sont chargées, après chaque condamnation définitive, de dresser une liste statistique pour chaque condamné. Cette liste est envoyée au ministère de la justice où elle est classée au *Bulletin des Condamnations*, recueil paraissant tous les trois mois. Ce recueil est expédié d'office à toutes les juridictions de l'Empire, qui peuvent ainsi y trouver des renseignements sur les antécédents des inculpés.

XII. — SUÈDE ET NORWÈGE.

En Suède et Norwège, les antécédents judiciaires sont localisés chez les pasteurs de la commune du lieu de naissance. Toute personne qui quitte sa paroisse reçoit un « certificat de conduite » contenant, outre son état civil, les condamnations qu'elle a pu encourir.

De plus, en Suède, deux fois par semaine paraît un journal spécial, *Le Bulletin de police*, où sont mentionnées toutes les condamnations à la prison. Ce journal est distribué seulement au haut personnel de la police de la ville.

XIII. — SUISSE.

Depuis 1895, le casier judiciaire fonctionne dans les cantons de Berne et de Vaud. Partout ailleurs, le

service de renseignements sur les antécédents judiciaires est fait au moyen de registres. Chaque canton
a, du reste, son système propre, différant peu de celui
des autres cantons.

Quant aux cantons de Berne et de Vaud, ils ont copié
absolument l'institution française.

APPENDICE II

Projet modificatif de la loi du 5 août 1899, déposé par le Garde des Sceaux le 4 décembre 1899.

————

ARTICLE PREMIER. — Les articles 4, §§ 2 et 3 ; 5, § 2 ; 8, n° 1 ; 10, §§ 3 et 12 ; 14, §§ 6 et 9 de la loi du 5 août 1899 sont modifiés ainsi qu'il suit :

ARTICLE 4.

Conforme.

§ 2. — Il est délivré aux magistrats du parquet et de l'instruction, au préfet de police, aux présidents des tribunaux de commerce pour être joints aux procédures de faillite, aux autorités militaires et maritimes pour les appelés des classes et de l'inscription maritime, ainsi que pour les jeunes gens qui demandent à contracter un engagement.

§ 3. — Il l'est également aux administrations publiques de l'État saisies de demandes d'emplois publics, ou pour l'instruction de demandes ou propositions relatives à des distinctions honorifiques, ou en vue de poursuites disciplinaires ou de l'ouverture d'une école privée, conformément à la loi du 30 octobre 1886.

Conforme.

Id.

ARTICLE 5.

Conforme.

§ 2. — Un duplicata de chaque bulletin n° 1, constatant une décision entraînant la privation des droits électoraux, est adressé à l'autorité administrative du domicile de tout Français ou de tout étranger naturalisé. Cette autorité prend les mesures nécessaires en vue de la rectification de la liste électorale, et renvoie, si le condamné est né en France, le duplicata à la sous-préfecture de son arrondissement d'origine.

ARTICLE 8.

Conforme.

N° 1. — Deux ans après l'expiration de la peine corporelle ou le paiement de l'amende, la condamnation unique à moins de six jours de prison ou à une amende ne dépassant pas 25 francs ou à ces deux peines réunies.

Conforme :

 Id.

 Id.

 Id.

 Id.

 Id.

 Id.

ARTICLE 10.

Conforme.

 Id.

§ 3. — Le § 3 de l'article 10 est abrogé.

ARTICLE 12.

L'étranger n'aura droit aux dispenses d'inscription sur le bulletin n° 3, que si, dans son pays d'origine, une loi ou un traité réserve aux condamnés français des avantages analogues.

ARTICLE 14.

Conforme.

Id.

Id.

Id.

Id.

§ 6. — Si la requête est admise, les frais seront supportés par celui qui aura été la cause de l'inscription reconnue erronée, s'il a été appelé dans l'instance, et, dans le cas contraire, ils seront supportés par le Trésor.

Conforme.

Id.

§ 9. — Ces actes, jugements et arrêts seront visés pour timbre et enregistrés en débet.

ARTICLE 2. — Il est ajouté à la loi du 5 août 1899, les dispositions suivantes qui forment les articles 15 et 16.

ART. 15. — En cas de contestation sur la réhabilitation de droit, ou de difficultés soulevées par application des articles 7, 8 et 9 de la présente loi, ou l'interprétation d'une loi d'amnistie, dans les termes de l'article 2, § 2, l'intéressé pourra s'adresser au Tribunal correctionnel du lieu de son domicile, suivant les formes et la procédure prescrites par l'article précédent.

Art. 16. — Les jugements et arrêts rendus dans les conditions prévues par les articles 14 et 15 peuvent être l'objet des voies de recours établies par le Code d'instruction criminelle ou, dans le cas de l'article 14, par la législation spéciale qui aura statué sur la rectification.

APPENDICE III

Modèles des différents Bulletins donnés par
l'art. 12 du décret du 12 novembre 1899.

BULLETIN N° 1

à classer au...........................

....

COUR D'APPEL

de ....

Date du mandat de dépôt :

....

RENSEIGNEMENTS :

Célibataire.........
Marié...............
Veuf................
Nombre d'enfants...
Signes particuliers :

....
....
....
....

Mentions postérieures à la rédaction du bulletin.

Peine expirée le....
Amende payée le...
Contrainte par corps exécutée le.......

....
....
....

L   nommé ....

.... $\Big\{$ de........................... et de........................... $\Big\}$ âgé de   ans

né   le...........................à...........................

arrondissement d.............département d...............

Domicile...........................

Profession...........................

Nationalité...........................

a été condamné

par ....

d ....

à $\Big\{$ .... $\Big\}$ et aux dépens

....

pour ....

....

.... commis ....

par application des articles $\Big\{$ .... du Code pénal ....du Code d'instruction criminelle .... $\Big\}$

Pour extrait conforme :

..................., le...........................

Vu au Parquet général :

Le Greffier en chef,

Le...........................

DUPLICATA DE BULLETIN Nº 1

à classer au casier électoral de la....... *Préfecture d*...........

COUR D'APPEL

de ....

....

RENSEIGNEMENTS :

Célibataire ....

Marié ....

Veuf ....

Nombre d'enfants...

Signes particuliers :

....

....

....

....

....

Le nommé...

....

fils \ de../ âgé de   ans,
/ et de...\

né le............................à...........................

arrondissement d.................département d............

Domicile...

Profession...

a été condamné

par..

d...

à { .... } et aux

{ .... } dépens

....

pour...

....

................commis le..............................

par application \ .... du Code pénal
des articles   / .... du Code d'instruction criminelle
               ....

Pour extrait conforme :

....................., le........................

Vu au Parquet général :

Le Greffier en chef,

Le............................,

DUPLICATA DE BULLETIN N° 1

à classer au bureau de recrutement du département d..........

Classe..........
N° de tirage....
Canton........
Dépar¹ ....
Subdivision ....

COUR D'APPEL

de ....

Date du mandat
de dépôt :

....

— · —

RENSEIGNEMENTS :

Célibataire ....
Marié ....
Veuf ....
Nombre d'enfants...
Signes particuliers :

....
....
....
....
....

....

Le nommé..

....

fils ⎰ de..........................⎱ âgé de   ans,
     ⎱ et de.........................⎰

né le...................... à......................

arrondissement d............. département d...........

Domicile ....

Profession ....

Nationalité................................

a été condamné

par...

d..

⎛ .... ⎞
⎜ .... ⎟
à ⎨ .... ⎬ et aux
⎜ .... ⎟ dépens
⎝ .... ⎠

....

pour ....

....

.... commis le........................

par application ⎞ .... du Code pénal
des articles ⎠ .... du Code d'instruction criminelle

Pour extrait conforme :

..............., le........................

Le Greffier en chef,

Vu au Parquet général :

Le..............................

BULLETIN N° 2

COUR D'APPEL

de...............

CASIER JUDICIAIRE

de l'arrondissement

d...............

—◦—

RELEVÉ des bulletins n° 1 concernant

L.....nommé...

fil....{ de...

{ et de...

né...le...

à...

D'après le dernier { Domicile.........................

bulletin n° 1 { État civil et de famille...................

{ Profession...........................

{ Nationalité...........................

DATE des condamnations	COURS ou TRIBUNAUX	NATURE des Crimes ou Délits	DATE des Crimes ou Délits	NATURE et Durée des peines	DATE du Mandat de Dépôt	Observations

Timbre du Tribunal : VU AU PARQUET : Pour relevé conforme :

Le Procureur de la République, ... , le.............................

Le Greffier,

COUR D'APPEL

de. . . . .

CASIER JUDICIAIRE

de l'arrondissement

d. . . . .

BULLETIN N° 3

EXTRAIT du casier judiciaire concernant

L. . . .nommé. . . . .

fil. . . . { de. . . . .
{ et de . . . .

né. . .le. . . . .

à. . . . .

Domicile. . . . .

État civil et de famille. . . . .

Profession . . . .

Nationalité. . . . .

DATE des Condamnations	COURS ou TRIBUNAUX	NATURE des Crimes ou Délits	DATE des Crimes ou Délits	NATURE et Durée des peines	OBSERVATIONS

COUT DU BULLETIN

Rédaction, recherche, etc. 1f 00

Enregistrement. 0 25

PRIX TOTAL. 1 25

Timbre du Tribunal :

Vu au Parquet :

Le Procureur de la République,

Pour extrait conforme :

. . . . le. . . . .

Le Greffier,

TABLEAU CHRONOLOGIQUE

des principales circulaires de la Chancellerie
relatives au Casier judiciaire.

Vu :

J.-A. ROUX.

Vu :

Le Doyen de la Faculté de Droit
de l'Université de Dijon,

E. BAILLY.

Vu et permis d'imprimer :

Dijon, le 14 juin 1900.

Le Recteur de l'Académie,
Président du Conseil de l'Université,

Ch. ADAM,

Correspondant de l'Institut.

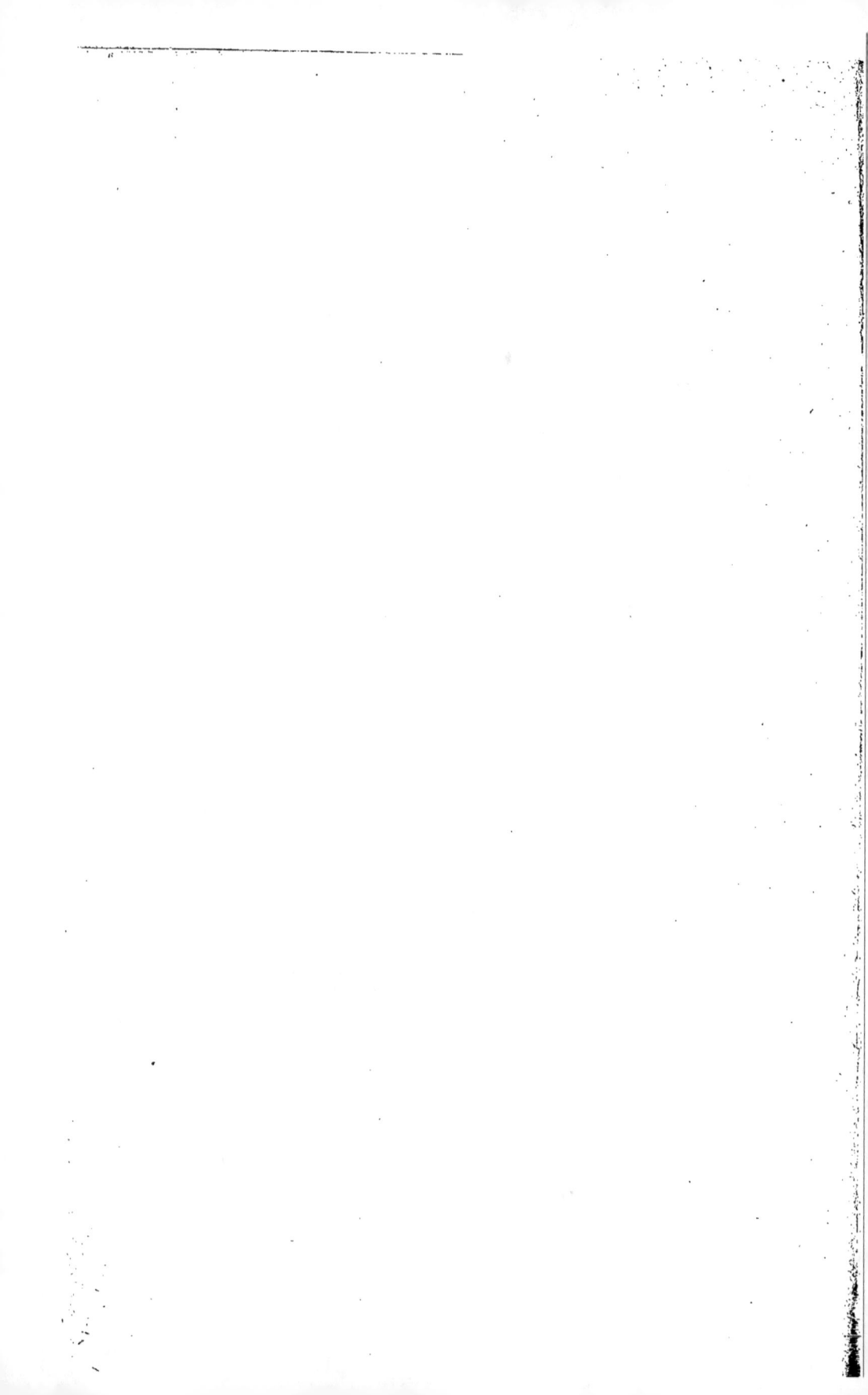

INDEX BIBLIOGRAPHIQUE

Monographies

THEUREAU, *Les Casiers judiciaires et un Projet de Casiers civils.*

J. APPLETON, *La Réforme du Casier judiciaire.* (Thèse présentée à la Faculté de Lyon.)

G. MIROUÈSCO, *Le Casier judiciaire.* (Thèse pour le Doctorat, présentée à la Faculté de Paris), 1898.

A. DOAT, *Le Casier judiciaire* (Thèse pour le Doctorat, présentée à la Faculté de Toulouse), 1899.

Ouvrages généraux — Articles et Discours

A. BONNEVILLE DE MARSANGY, De la localisation au Greffe de l'arrondissement natal des renseignements judiciaires concernant chaque condamné. Versailles, 1849 (Discours prononcé à l'audience de rentrée du Tribunal, 5 novembre 1848).

A. BONNEVILLE DE MARSANGY, Le Casier judiciaire. Rapport fait à la Société générale des Prisons; *Bulletin de la Société générale des Prisons*, 1887, p. 300-317.

A. BONNEVILLE DE MARSANGY, La Réforme du Casier judiciaire. *Gazette des Tribunaux*, deux articles : 16-17 novembre et 9 décembre 1891.

A. BONNEVILLE DE MARSANGY, *Améliorations de la loi criminelle*, 2 vol.

Journal des Parquets, année 1886, 1re partie; 1899, I, 110.

MAULMOND, *Les Lois nouvelles*, année 1900, 1re partie, p. 105.

FAGUET, Journal Le Gaulois, 22 mars 1899, n° 6311.

H. DE FORCRAUD. La Réforme du Casier judiciaire (*Journal du Ministère public et du Droit criminel*), 1891, t. XXXIV, p. 85-91, n° 3326.

J. BRÉGEAULT, *Le Casier judiciaire.* La Loi, 5 décembre 1891.

J. Lacointa, La Réforme du Casier judiciaire, *Bulletin de la Société générale des Prisons*, 1893, p. 303-313.

G. Le Poittevin, Traité pratique des Casiers judiciaires (*France judiciaire*, 1879).

G. Le Poittevin, La Réforme du Casier judiciaire. — Discours prononcé à l'audience de rentrée de la Cour d'appel d'Angers, 16 octobre 1891 (*Gazette des Tribunaux*, 25-26 octobre 1891).

J. Leveillé, La Réforme du Casier judiciaire. — Trois articles dans le *Temps* des 3, 27 mars et 1er avril 1891.

J. Leveillé, Où en est la Réforme du Casier judiciaire? *Bulletin de la Société générale des Prisons*, 1893, t. XVII, p. 37-51.

J. Leveillé, La Réforme des règlements sur le Casier judiciaire. — Rapport présenté au Congrès du patronage des libérés de Lyon, 1894. — *Compte-rendu sténographié du Congrès*, 1 vol.; Lyon, 1895, p. 25-29.

G. de Vence, La Réforme du Casier judiciaire. — Rapport fait à la Société générale des Prisons. (*Bulletin de la Société générale des Prisons*, 1891, p. 720-783.)

Textes et Doctrine

Fuzier-Herman, Répertoire général alphabétique du Droit français (V. *Casier judiciaire*, t. IX, p. 86 et suiv.).

Le Poittevin, *Dictionnaire formulaire des Parquets*, 2e édition; Paris, 1894 (V. *Casier judiciaire*, t. I, p. 341 et suiv.).

Dalloz.

Rivière, *Pandectes françaises*, nouveau répertoire de doctrine, de législation et de jurisprudence, publié sous la direction de M. Rivière (V. *Casier judiciaire*, t. XIV, p. 315 et suiv.).

Journal des Parquets.

Bulletin officiel du Ministère de la Justice.

Gillet et Demoly, Analyse des circulaires du Ministère de la Justice.

Recueil officiel des instructions et Circulaires du Ministère de la Justice.

TABLE DES MATIÈRES

Dijon. imp. Jacquot et Floret.

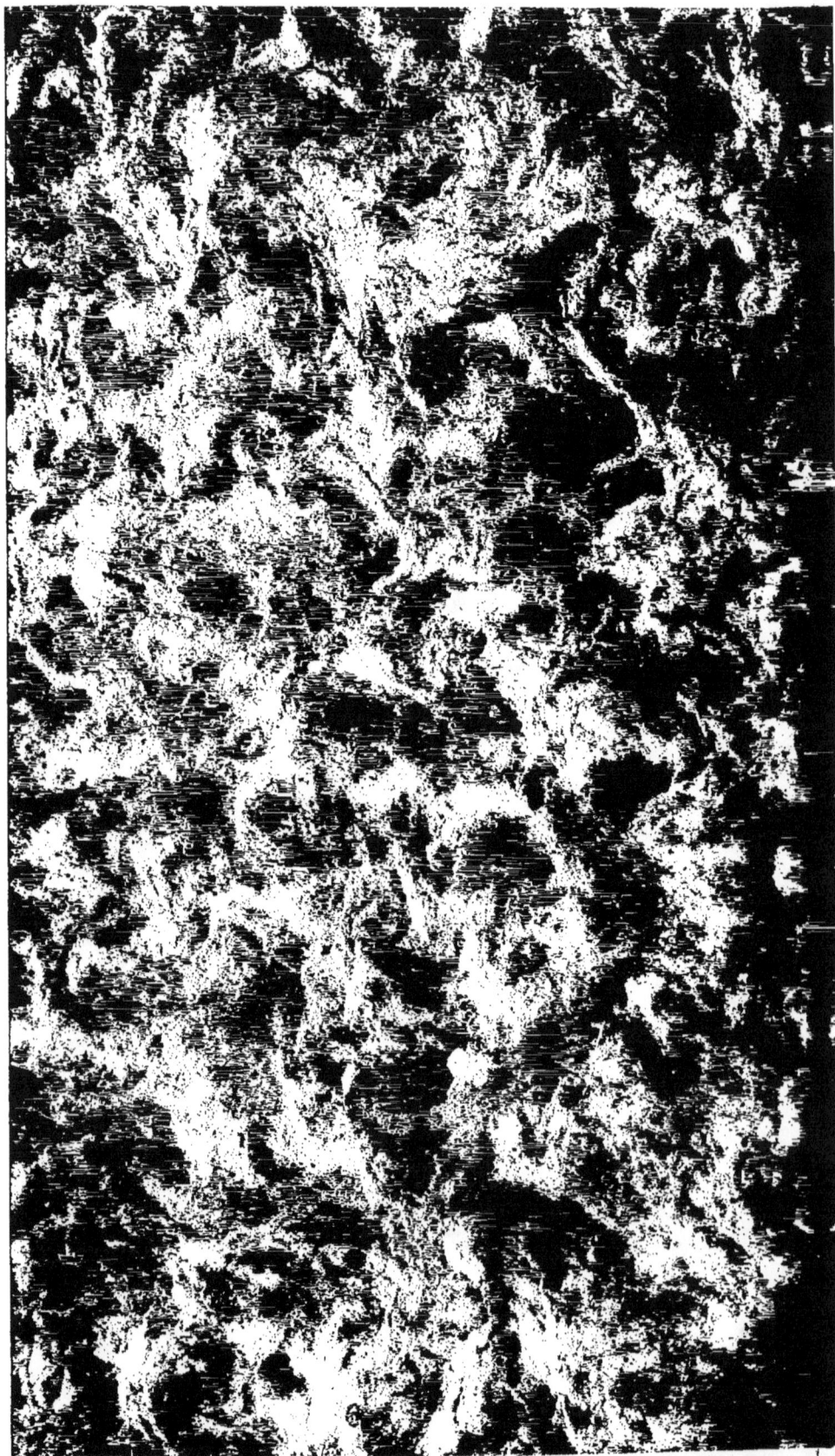